KB269691

신학과 사회구조

우리시대의 신학총서 13

신학과 사회구조

지식사회학의 관점에서 본 기독교 신학

로빈 길 지음
김승호 옮김

살림

추천의 글

　본서 『신학과 사회구조』는 현재 영국의 켄트 대학교 마이클 램지 석좌교수로 있는 로빈 길의 초기 저서 중 하나로, 신학과 사회학을 접목해보려는 실험적이고 고통스런 연구 저작 중 하나다. 이 책을 금번에 저자의 지도 아래 박사학위를 받은 김승호 교수님이 한국어로 번역하게 되었다. 김 교수님은 이전에도 길 교수의 저서를 번역한 바가 있기에, 이 책은 본서의 내용뿐만 아니라 저자의 의도를 잘 이해한 번역일 것이라고 본다.

　로빈 길은 기독교 윤리학자로서 신학에 관한 철학적, 역사적 접근과 함께 사회학적 접근의 가능성을 집중적으로 연구해온, 이 분야의 권위 있는 학자 중 하나다. 오늘날 교회와 신학, 그리고 목회의 '사회적 의미와 기능'의 중요성을 고려할 때, 이 분야의 문제에 관심 있는 신학도와 목회자, 그리고 사회학도들에게도 좋은 참고자료가 될 수 있어서 적극 추천한다.

_김철영(장로회신학대학교 기독교와 문화 교수)

　나는 지난 1987년 영국 유학 당시에 본서의 저자인 로빈 길 교수가 편집한 『신학과 사회학』을 처음 접하여 정독하면서 종교와 사회의 상호관련성에 대해서 시야가 활짝 열리는 경험을 한 바 있다. 평소 존경하는 김승호 교수님이 자신의 박사학위 논문을 지도한 로빈 길 교수의 『신학과 사회구조』를 우리말로 번역하여 한국의 독자들 앞에 내놓게 된 것을 크게 환영한다. 이 책이 응용신학은 물론 종교사회학, 기독교 윤리학, 생명공학 등에 관심이 있는 독자들에게 분명히 중요한 공헌을 할 것이라 확신하며, 일독을 권한다.

_김성건(서원대 종교사회학 교수)

차례

『신학과 사회구조』가 한국어로 번역된 것을 매우 기쁘게 생각합니다. 이 책이 한국 신학에 창조적 기여를 할 것을 희망하며 또한 그러하리라고 확신합니다.

본서가 처음 영국에서 출간된 이후로 이제 30여 년이 지났고, 그때 이후로 신학에서 많은 변화가 있었습니다. 특히 사회학이 신학에 실제적인 기여를 할 수 있다는 사실을 인식하는 이들의 수가 점점 더 많아졌습니다.

제가 처음 이 책을 쓸 당시에는 사회학이 단순히 상대주의적이고 본질적으로 무신론적인 학문이라는 우려가 흔히 있었습니다. 아직도 여전히 그렇게 생각하는 신학자들이 있습니다. 그러나 데이비드 마틴(David Martin)처럼 사회학이 신학에 상당한 기여를 할 수 있다는 사실을 파악한 여러 학자들이 있습니다. 특히, 현재 성서학에서는 사회학이 창조적 기여를 한다는 사실이 널리 수용되고 있습니다. 이것은 상당한 변화라고 할 수 있습니다.

본서에서 제가 기술하려고 한 바는 신학에 대한 사회학적 접근이 양날을 갖고 있다는 사실입니다. 우선 신학이 사회적 결정요소라는 관점에서 이해될 수 있다는 것, 즉 신학이 우리의 인간적 맥락에 의해 형성되는 학문이라는 것입니다. 이것은 어떤 신학자들에게는 매우 위협적인 접근으로 보일 수 있습니다. 한편 신학은 사회적 중요성이라는 관점에서 보자면 때때로 사회를 형성할 수 있는 학문으로 이해할 수 있습니다.

이러한 두 가지 접근, 혹은 이러한 상호작용적 접근은 우리로 하여금 신학이 사회를 형성하고 또 사회에 의해서 형성되기도 하는 역동적 학문이라는 점을 이해하도록 도와줄 수 있습니다. 저는 이러한 중요한 통찰이 영국의 신학에서처럼 한국의 신학에도 상당 부분 적용될 수 있으리라 믿습니다. 이는 우리가 신학을 상황에 민감한 학문으로 이해하도록 도와줄 것입니다.

특히 이러한 힘든 번역작업을 감당한 김승호 박사에게 감사의 말을 전합니다. 김 박사와 한국의 모든 신학자들이 감당하는 중요한 작업 위에 하나님의 축복이 함께하기를 기원합니다.

2007년 7월
로빈 길

서문

　신학에 대한 사회학적 설명을 제공하려는 시도 전부는 명백한 학문적 위험을 보여주는 사례이기도 하다. 비록 많은 학자들이 그런 설명이 가능할 뿐만 아니라 잠재적으로 중요하다고 암시하긴 했으나, 철저한 방식으로 그렇게 하려고 시도한 학자들은 거의 없었다. 아직까지 확립된 안내 규칙이나 이정표, 경계표는 없다.

　그레고리 바움(Gregory Baum)이 쓴 『종교와 소외: 신학적으로 사회학 읽기(Religion and Alienation: A Theological Reading of Sociology)』(대한기독교출판사 역간)라는 최근의 책을 발견했을 때 내가 느꼈을 기쁨을 상상해보라. 그 책과 나의 이전 책인 『신학의 사회적 맥락(The Social Context of Theology)』에 대한 신학자들과 사회학자들의 격려로 나는 사회학과 신학 사이의 상호연관성이 실제로 실행 가능하고 풍부한 연구 영역을 구성하고 있다고 확신하게 되었다. 지금은 철학적·역사적 연구가 신학을 독점하고 있지만, 신학에 대한 사회학적 연구가 중요하다고 증명될 날을 충분히 상상해볼 수 있다. 의심할 여지 없이 철학적·역사적 연구법은 학문적 맥락에서 신학에 중요한 기여를 해왔다. 그러나 그런 방법들 때문에 신학이 오늘날 대학에서 생존할 수 없게 되었는지도 모른다. 나는 아직도 사회학의 잠재적 기여도가 매우 크다고 믿고 있다.

본서와 나의 이전 저서는 신학자들에게 신학의 사회적 맥락과 사회적 결정요소들, 그리고 신학이 사회에 끼친 결과들에 대해 완전한 설명을 앞으로 해야 할 것임을 확신시키려는 조직적인 시도이다. 만일 이러한 시도가 성공한다면 신학적 '진리'는 철학적·역사적 서술들만큼이나 사회적 서술들로서도 그 가치가 평가되어야 할 것이다. 또한 이 두 권의 책에는 종교사회학자들이 신학을 더욱더 진지하게 취급하도록 설득하려는 조직적인 시도가 담겨 있다. 신학과 사회학이라는 두 학문이 대화를 해야 할 본질적인 이유는 없지만, 그렇다 하더라도 사회학과 신학의 상호연관에서 비롯되는 상호이익이 있다. 사회학과 신학 양쪽 모두에 앞으로의 연구를 위한 상당한 미개척지가 펼쳐져 있다.

(비평가들에게 알려지면 위험한 고백이지만) 본서와 나의 이전 저서의 명백한 약점들 중 하나는 이 학문 영역에 기여했던 여러 신학자들과 사회학자들을 소홀히 대하거나 무시하고 있다는 것이다. 단지 그들을 몰라서 그러는 경우도 있다. 하지만 내게 독창적 연구가 매우 부족하다는 사실, 그리고 그들이 기여한 바가 대단히 특별하다는 사실로 인해 본서는 자연스럽게 함정에 빠지게 된다. 비록 내가 이 영역에서 현존하는 문헌을 철저히 조사하겠다는 의도가 애초부터 없었다 하더라도, 내게 여전히 이러한 약점이 있음을 알고 있다. 하지만 이 단계에서는 하나의 이론적 틀을 제공하는 것이 학문적 견해를 조사하는 것보다 더 중요한 일일 수 있다.

나는 본서의 여러 초고를 읽으면서 내게 큰 도움을 주었던 많은 분들에게 빚지고 있다. 버지니아 대학 종교학과의 데이비드 하네드

(David Harned) 교수는 다시금 나중의 원고를 읽어주었고 날카로운 비평을 해주었으며 내가 더 열심히 작업하도록 자극해주었다. 그레이엄 몬타이스(W. Graham Monteith) 목사 역시 같은 원고를 읽고 내게 도움이 되는 비평을 해주었다. 런던 정경대학의 데이비드 마틴 교수는 더 일찍 나온 초고를 읽고 격려해주었다. 또한 영국 사회학회 종교사회학 분과의 멤버들은 제2장의 초고에 대해 도움이 되는 비평을 해주었다. 그리고 내 부친 앨런 길 박사는 인내심을 갖고서 이 책과 이전 책의 교정 작업 — 아버지가 아들에게 해줄 수 있는 최상의 일인 — 을 해주셨다. 그리고 내게 격려와 비평과 자극을 준 에든버러 대학의 동료들, 특히 본서가 출간되기 직전에 하늘나라로 가신 기독교 윤리학 및 실천신학과의 제임스 블랙키(James C. Blackie) 교수께 감사를 드린다.

수많은 커피와 수고의 땀과 함께 몰두의 나날을 통과하고 보니, 왜 저자들이 자기 책을 아내와 가족에게 헌정하는지 이해할 수 있게 되었다. 그래서 내 아내 제니와 아들 마틴, 딸 주디에게 사랑을 전한다.

에른스트 트뢸치(Ernst Troeltsch), 리처드 니버(H. R. Niebuhr), 그리고 청년 디트리히 본회퍼(Dietrich Bonhoeffer)[1] 같은 신학자들이 제법 이른 시기에 사회학에 대해 관심을 보였건만, 대부분의 신학자들은 신학이 철저한 사회학적 분석을 받아야 한다는 생각을 진지하게 받아들이지 않았다. 지난 100년 동안 개신교 신학과 가톨릭 신학 안에서 역사비평과 철학비평에 대해 상당한 개방성이 나타나기는 했지만, 이에 비교할 만한 사회학-신학적 비평은 없었다. 신학자들은 사회가 신학을 조건 짓는 방법들과, 반대로 신학이 사회를 조건 짓는 방법들에 대해 대체로 인식하지 못하고 있었다. 신학의 사회적 구조, 혹은 신학과 사회 사이에 발생할 수 있는 상호작용들은 엄격한 분석을 거의 거치지 않았다.

신학의 사회적 구조(structure)에 대한 설명을 제공하려는 과제는 '신학의 사회적 맥락(context)'에 대한 설명을 제공하는 것과는 매우

---

1) Ernst Troeltsch, *The Social Teaching of Christian Churches*, Vols I&II, Harper, 1960, H. R. Niebuhr, *The Social Sources of Denominationalism*, World Publishing Co., 1929, D. Bonhoeffer, *Sanctorum Communio*, Collins, 1963을 보라.

다르다. 나는 신학을 보조하는 학문으로 사회학을 사용하려는 신학자들이 직면하는 몇 가지 방법론적 문제들을 탐구하는 데 관심이 있었다. 나는 신학이 진공 상태가 아니라 항상 어떤 사회적 맥락 안에서 기록되는 것임에도 불구하고, 일부 신학자들이 현대 사회를 묘사하는 때조차도 대체로 종교사회학을 무시하거나 사회적 맥락을 묘사하기 위해 사회학적 연구 결과를 선별적으로 사용하는 경향이 있다는 사실을 보여주려고 시도했다. 다른 한편, 신학의 사회적 구조에 대한 설명의 초점은 신학자의 과제에 관한 것이라기보다는 신학 그 자체에 관한 것이다. 현재 신학은 독특하고 사회적으로 중요한 학문으로서 관심의 대상이다.

일단 신학의 인지적 연구가 이런 식으로 다루어지면, 지식사회학은 적절한 것이 된다. 사회구조에 관한 설명에서, 신학은 처음부터 사회적으로 구성된 실재로 간주된다. 여기서는 강조해서 논의하지 않지만 신학의 비사회학적 타당성이 무엇이든지 간에, 신학은 명백하게 인간의 산물이며 그 자체로 적절하게 지식사회학 — 인간의 개념들과 사회구조들 사이의 관계 분석을 시도하는 학문인 — 을 필요로 한다. 지식사회학은 본서에 이론적 핵심을 제공하는, 사회학의 하위 학문이다.

지식사회학이 본 연구의 목적에 핵심적이기 때문에, 그리고 신학자들이 스스로 직접 지식사회학을 연구한 일이 드물기 때문에, 제1장에서는 지식사회학에 대해 소개할 것이다. 신학처럼 거의 검토되지 않은 분야에 지식사회학을 적용하는 데는 원래부터 어려움이 따르는 데다가, 지식사회학의 현대적 이해들이 워낙 혼란스러운 특성을 띠기 때문에 철저하게 요약하기는 어렵다. 하지만 그렇다 하더라도, 어떻게 신학이 더 잘 연구될 수 있는지를 보여주기 위해서 지식사회학으로부터 몇 가지 더 적절한 특징들을 선별하는 것은 여전히 중요하다.

제2장에서 나는 먼저 신학을 결정하는 사회적 요소들을 조사함으로써 본서의 주요 과제를 시작할 것이다. 사회학자가 신학에 큰 관심을 갖고 있지 않는 한, 사회학자보다는 신학자가 이 부분에 대해 더 큰 관심을 가질 것이다. 종교적 신념과 실천을 결정하는 사회적 요소에는 일반적으로 관심이 많지만, 신학을 결정하는 사회적 요소들에 특별히 관심을 갖는 이들은 적다. 비록 원칙적으로 그런 결정요소들이 전적으로 실행 가능한 연구 영역을 구성한다 하더라도 말이다. 트뢸치와 베버(Max Weber)의 명백한 고전적 작업에도 불구하고, 현대 학자들 중 과감하게 이 영역으로 뛰어든 이는 거의 없다. 이 영역은 신학자의 전유물로 남아 있다.

그러나 바로 이 지점에서 사회학적 전망은 신학자에게 가장 도전적인 것으로 되어가는 듯이 보인다. 비록 사회학자가 신학적 입장들의 타당성 여부에 관심이 없음을 인정한다 하더라도, 신학적 입장들의 사회적 기초를 드러내는 과제는 계속해서 어떤 불편한 마음을 갖게 한다. 그래서 제3장에서처럼, 낙태에 대한 교회의 반응들이 독립적인 도덕적 성찰이나 신학적 성찰에만큼이나 현대의 사회적 압력들에도 빚지고 있다고 말하는 것은 그 자체로 목회자들의 마음을 불편하게 만든다. 그것이 낙태에 대한 교회의 특별한 옹호나 비판을 무효로 만드는 것은 아니지만, 그러한 옹호나 비판을 상대화하는 듯이 보인다. 피터 버거(Peter Berger)가 관찰한 것처럼, 다른 학문들과는 대조적으로 사회학은 "선례 없는 예리함으로 신학적 사상에 도전하는 자세를 취하면서 가장 맹렬한 정도로 상대성의 현기증을 불러일으킨다."[2]

---

2) Peter L. Berger, *A Rumour of Angels*, Pelican, 1969, p.47.

　이러한 신학적 상대주의라는 명백한 위험에도 불구하고, 신학을 결정하는 사회적 요소들을 주의 깊게 밝혀내는 과제는 여전히 중요하다. 사회적 결정요소들을 드러내려는 이 과제는 신학을 사회에 관한 일련의 주장들로 축소시키려는 시도—이는 흔히 포이어바흐(Feuer-bach)에게 퍼부어지는 비난이다—나 일시적인 사회적 맥락들에 대한 신학의 명백한 의존성을 노출시킴으로써 신학을 상대화하려는 시도와는 거리가 먼 것으로, 신학의 자기 인식에서 본질적인 단계가 된다. 신학적 진술들이 수많은 철학적·역사적 함의들과 가설들을 지니고 있다는 것이 널리 알려져 있는 것처럼, 신학자들은 결국 사회적 맥락과 결정요소들에 대한 인식이 적절한 신학을 위한 하나의 필수조건이라는 사실을 추정할 수 있다.

　신학의 사회적 결정요소들을 분석하는 이 과제는 주로 학문적 개념들과 사회 사이의 관계를 연구하는 방식으로만도 사회학자의 일반적인 관심을 끌 수 있다. 물론 실제로 사회학자가 겉보기에 비밀스럽고 전문적인 신학의 세계를 연구하고자 하는 경향은 약하겠지만, 원칙적으로 지식사회학자는 어떤 이데올로기 체계든 연구할 수 있다. 부분적으로 이것은 사회학자 자신의 신념과 가치에, 혹은 심지어 단순히 유행에 달려 있을 수 있다. 그럼에도 불구하고, 원칙적으로 이 연구 영역은 종교에 헌신한 사람들이나 종교에 헌신하지 않은 사람들 모두가 검토할 수 있도록 개방되어 있다.

　그러나 신학이 가지고 있을지도 모를 사회적 중요성에 대한 분석을 병행하지 않고서 신학의 사회적 결정요소들에 대해 분석하는 것은 균형을 크게 잃은 모험일 것이다. 그래서 나는 제4장에서 신학의 사회적 구조를 진지하게 연구하는 것이 곧 사전에 신학적 기획을 부수적인 현상으로 취급함을 뜻하는 것은 아니라는 점을 입증할 것이다. 이것은 만일 어떤 신학 논쟁이 대개의 경우보다 다소 더 많이 청중의 주목을 받는 경우가 있다고 인식된다면 특히 사실이다. 이런 맥락에서, 제5장의 주제인 『신에게 솔직히』에 관한 논쟁은 특별한 중요성이 있다고 할 수 있다. 여러 가지 이유로 인해서 이 논쟁은 평소에는 공개적으로 신학적 논의에 참여하지 않았던 꽤 많은 수의 사람들을 끌어들였다. 그 신학적 공로가 무엇이든지 간에 — 본서에서 이에 대해 명백하게 논의하지는 않을 것이다 — 그 논쟁은 특별히 사회학자의 관심을 끈다. 여기서 사회학자는 신학이 사회에 의해서 결정될 뿐만 아니라 때때로 실제로 신학이 사회를 결정할 수 있다는 바로 그 가능성을 보게 된다.

대부분의 현대 종교사회학자들이 대개 신학을 무시했다는 사실을 감안하면 이 연구 주제는 다소 기이해 보일 수 있다. 사회적으로 결정된 신학이 그 자체로 사회적으로 중요하다고 증명할 수 있는 가능성, 곧 신학이 사회 내에서 하나의 종속변수인 동시에 독립변수로 작용할 수 있다는 것을 진지하게 고려한 학자는 거의 없었다. 그러나 베버의 맥락에서 보면 그것이 새롭다는 인식은 상당히 줄어든다. 최소한 여기에, 신학적 개념들이 주로 사회 안에서 상호작용 할 수 있는 방법을 분석하는 데 관심이 있었던 한 명의 사회학자가 있기 때문이다. 만일 다른 이유가 없다면, 사회학적으로 진지하게 이 연구 주제에 주의를 기울일 필요가 있음이 분명하다.

또한 신학의 사회적 중요성에 관한 연구는 신학자들에게 중요한 것이 될 수 있다. 표면적으로 『신학의 사회적 맥락』의 논리는 신학이 항상 특별한 사회적 상황에 전적으로 의존하며, 현재의 사회적 가정들이 얼마나 불합리하든 간에 결코 그 가정들을 비판할 수 없다는 것이었다. 만일 신학적 개념들이 때때로 영향력을 갖는다는 사실이 경험적으로 제시될 수 있다면, 신학에 대한 그런 차별적 입장은 분명히 약화될 수 있다(비록 항상 신학자들 스스로에 의해 의도된 방식으로는 아니라 할지라도 말이다). 분명 어떠한 진지한 사회학적 분석도 이러한 신학적 토대들에 관한 어떤 입장을 가정할 수는 없지만, 심지어 그 입장의 특정한 신학적 결과들을 미리 알고 있는 때조차도, 그러한 분석은 최소한 그 입장의 가능성을 조사할 수는 있다.

나는 신학의 사회적 구조에 관한 어떤 조직적 분석이 상호작용주의 관점에 기초해야 한다는 것을 길게 주장할 것이다. 따라서 그 분석은 신학의 사회적 결정요소들 그리고 신학이 독립적인 사회적 중요성을 가질 가능성, 이 둘 모두를 조사해야 한다. 내가 마지막 장에서 제안하려는 신학의 상호작용주의에 관한 설명은 확실히 복잡한 것이다. 그러나 덜 복잡한 설명은 이러한 실제적인 관계에 관한 분석을 필히 왜곡할 것이다. 단 하나의 신학적 전망에 의해 전적으로 지배된 사회나 혹은 문화적 뿌리들로부터 전적으로 분리된 하나의 신학체계라고 하는, 존재할 것 같지 않은 한 쌍의 가능성들만이 덜 복잡한 형태의 분석을 필요로 할 것이다.

끝에서 두 번째 장은 신학의 사회적 구조보다는 실제로 신학 내에 있는 변수들과 더 관계되어 있기 때문에 본서의 주요 목적에서 벗어나 있다. 비록 몇 가지 점에서는 이미 본서에서 발전된 분석 형태들을 사용할 것이지만, 그 장의 전반적인 목적은 어떻게 사회학이 ‘응용’ 신학 내에서 사용될 수 있는가를 보여주는 것이다. 더 자세히 말하면, 기독교 윤리학이나 실천신학의 ‘규범적’ 이해들이 단지 보조적으로 사용하기 위해서만 사회학을 허용하는 경향이 있다는 사실을 주장할 것이다. ‘기술적(記述的)/비판적’ 이해들은 사회학을 보다 더 통합적으로 사용하는 것을 허용한다. 신앙과 행동(‘기술적’ 실천신학)

그리고 신앙과 도덕적 행동('기술적' 기독교 윤리학) 사이의 관계를 분석하려는 수많은 시도들에서 사회학은 결정적 역할을 수행한다.

전체적으로 볼 때, 사회학이 응용신학 내에서 사용될 수 있는 네 가지 독특한 방법들은 구별되어 있다. 이런 방법들은 가장 보조적인 사용에서부터 가장 통합적인 사용에까지 걸쳐 있다. 이 방법들 중 가장 급진적인 방법은 신학이 지금까지 겨우 설명한 신학의 사회적 결과들―신학적 척도들과 사회적 척도들의 혼합에 기초한 논쟁―보다는 더 광범위한 설명을 해야 한다고 제안한다. 가장 복잡한 방법은 신학적, 윤리적, 사회적 변수들 사이에 공유하는 상호작용의 패턴들에 대한 분석이 기독교 윤리학 내에 뚜렷이 나타나는 다원주의를 몰아낸다고 암시한다. 물론 사회학적 분석은 특별한 윤리적 이슈들에 관한 현대 그리스도인의 진술에서든지 혹은 그들이 제안하는 사회학을 위한 규범적 기초들에서든지 간에, 그들 사이에서 발견되는 다원주의를 제거하지 못할 것이다. 그러나 그것은 기독교 윤리학 내의 일치하는 요소가 특별한 내용이나 규범들이라기보다는 공유하는 상호작용 패턴들일 수 있다는 사실을 암시한다.

본서 전체에 걸쳐서 되풀이되는 예에는 전쟁에 대한 기독교의 반응이 포함될 것이다. 이 주제는 사회학자에게 거의 분석되지 않은 풍부한 데이터 자료를 제공해주며, 그런 이유로 선택되었다. 그러나 그것은 또한 신학의 사회적 구조에 대한 이 설명에 대해 어떤 연속성을 제공해줄 것이며 제2장, 제4장, 제6장 사이에 사고의 발전 과정을 보여줄 것이다. 그런 미지의 영역에서 일하는 이점들 중 하나는 그것이 연구자에게 더욱 흥미 있는 길을 탐구하도록 허용한다는 점이다. 그럼에도 불구하고, 지식사회학에 의하여 이루어지는 다음의 분석은 많은 신학 영역들에 유익하게 응용될 수 있다는 사실이 명백하게 제시되어야 한다. 만일 본서와 나의 이전 저서가 그런 연구를 자극하는 데 기여할 수 있다면, 이 책들의 집필 목적은 성취되는 것이다.

제 1 장

신학과 지식사회학

본서는 신학을 사회적 현상으로서, 즉 '사회적으로 구성된 실재'로서 분석하려고 시도할 것이다. 신학이 외부적으로 결정되거나 결정하는 것이라는 데 초점을 맞추든지 내부적으로 다양한 것이라는 데 초점을 맞추든지 간에, 신학은 항상 순수한 사회적 관점에서 조명될 것이다. 더 구체적으로, 신학은 항상 지식사회학의 시각에서 연구될 것이다. 지식사회학은 이 책의 이론적 핵심을 공급하는 사회학의 하위 학문이다.

사실 신학 전체를 통틀어,[3] 혹은 신학의 특별한 측면들[4]이 단순히 전문 신학자들뿐만 아니라 지식사회학자들의 조사를 받아야 한다는 여러 주장들이 최근에 있었다. 그러나 이상하게도 이런 주장들은 이미 지식사회학의 전문가들이 신학에 대해 특별히 언급한 점들을 거의

---

[3] 예를 들어 Gregory Baum, *Religion and Alienation: A Theological Reading of Sociology*, Paulist Press, 1975를 보라.

[4] 예를 들어 Murdo Ewen Macdonald, *The Call to Communication*, St Andrews, 1975, Dennis Nineham, 'A Partner for Cinderella,' in ed. Morna Hooker and Colin Hickling, *What About the New Testament?*, SCM, 1975, 그리고 Charles Davis, *The Temptations of Religion*, London, 1973를 보라.

고려하지 않았다. 이런 상황이니 신학의 사회적 구조에 대한 분석은 이미 설명되었던 몇몇 주요 주제들을 간략히 설명함으로써 시작하는 것이 필수적이다.

그러나 지식사회학에 정통한 사람들은 그 주제의 해설가들이 거의 일치를 이루지 못하고 있다는 점을 분명히 알고 있을 것이다. 특히 마르크스주의자들과 비마르크스주의자들 사이, 현상학자들과 경험주의자들 사이, 그리고 지식사회학에 대해 독일, 프랑스, 미국에서 이루어진 연구들 사이에 근본적인 차이점들이 많이 있다.5) 일반적으로 합의된 방법론적 기초나 심지어 지식사회학의 효용과 범위에 관해서도 일치점이 없다. 어떤 사람들은 이데올로기 사회학과 지식사회학을 예리하게 구별하지만 다른 이들은 이런 차이를 거짓된 것으로 보고 거부한다. 어떤 사람들은 지식사회학이 그 학문의 일차자료를 형성하는 지적 개념들이라고 주장하지만 다른 이들은 지식사회학이 이런 자료를 구성하는 일상생활에서의 지식이라고 주장한다. 지식사회학자들 사이의 차이점들은 사회학 내 어떤 다른 분과의 학자들 사이의 차이점들보다 더 큰 것으로 나타난다. 확실히 그들 사이의 차이는 현재 종교사회학 — 합의를 이루지 못하는 것으로 유명한 하위 학문인 — 에 종사하는 사람들 사이의 차이들보다 더 크게 나타난다.

이런 상황에서, 내가 채택하려고 하는 지식사회학 내의 특정 방향성을 사실대로 이야기하는 것이 절대적으로 필요하다. 한 장 안에 지식사회학의 역사나 혹은 지식사회학 내에 있는 모든 연구들의 개요를 제공하는 것은 분명 불가능하다. 하지만 그렇다 하더라도 과거의 특

---

5) J. E. Curtis and J. W. Petras ed., *The Sociology of Knowledge: A Reader*, Duckworth, 1970, Introduction, 그리고 Robert K. Merton, *Social Theory and Social Structure*, The Free Press, 1957, pp.460f를 보라.

별한 연구들 가운데서 특히 신학과 관련된 주요 주제들 중 몇몇에 대해 조명해보는 것은 가능한 일이다. 나는 관련된 네 주제들의 진보라는 관점에서 이것을 수행하려 한다. 첫째는 신학을 '단순한 이데올로기(mere ideology)'로 간주한다. 모든 주제들 가운데서 이것은 가장 덜 정확한 것이지만 다른 주제들이 발전할 수 있는 독창적인 통찰이다. 둘째는 신학을 '일반적 이데올로기(general ideology)'로 간주한다. 이 견해에 따르면, 반대자들의 관점들뿐만 아니라 개개인 자신의 관점도 분석의 대상이 되어야 하며 신학은 모든 세계관들(Weltanschauungen)의 맥락 내에 배치된다. 셋째는, 신학을 이데올로기와 대비하는 것으로, 앞으로 내가 설명하겠듯이 이는 신학에 대한 우리의 이해의 퇴보를 나타낸다. 넷째는 신학을 '사회적으로 구성된 실재'로 보는 것인데, 이것은 신학을 사회 내에서 교대로 독립변수와 종속변수로 기능하는 것으로 보면서 신학에 대한 철저한 상호작용주의 접근의 가능성을 제안한다.

신학의 정의

그러나 하나의 사회 현상으로 신학을 분석하기 위해 불가결한 것은 신학 자체에 대한 적절한 정의이다. 신학자들 자신에게 그들의 과제에 대해 보편적으로 수용될 만한 설명이 부재한 상태에서라면, 연구를 돕는 도구로 사용하기 위해서라도 자신의 어떤 정의를 공급하는 것이 사회학자에게 의무로 부과되어 있다. 아무리 그것이 어떤 사람들에게는 독단적인 것으로 보일 수 있다 하더라도, 적어도 분명한 정의는 고려 대상인 주제를 기술하는 장점을 가진다.

따라서 신학은 대체로 개인의 종교적 신념들의 '추이(sequelae)', 그리고 종교적 신념들 사이의 상관관계들 및 상호작용들의 '추이'에 대해 기록한 비판적 설명이라고 공식적으로 정의될 수 있다. 엄격한 의미에서 신학에 대한 이러한 정의는 사회학적으로 적절한 특징들을 다수 포함한다.

첫째, 신학은 문자 이전의 종교 전통들이나 신화들을 고려 대상에서 제외한다. 비록 구전이 주요한 모든 세계 종교에서 중요한 기능을 한다 할지라도, 대체로 그것들은 종교적 신념의 기록된 설명과는 다르다고 주장할 수 있다. 상세한 체계들이 가능할 수 있기 때문에 신념들 사이에 상세한 상호관련성이 존재하는 것처럼, 읽고 쓰는 능력이라는 것은 그 자체로 종교적 숙고를 변화시킨다.

둘째, 이러한 정의에서 보자면, 신학은 종교적 신념들의 전반적인 진리나 허위에 대한 조사와 관계된 것이 아니라 종교적 신념들에 대한 비판적 설명과 관련이 있다. 종교적 신념들의 진리나 허위에 대한 조사는 당연히 종교철학의 영역에 속한다. 물론 신학자들은 필수적으로 그들의 신념들의 진리나 허위에 대해서 살피겠지만─그것은 현대의 대학에서 공급한 비판적 상황과 다르지 않다─신학자로서 행동하는 한, 그들은 자신이 설명하려 하는 신념들에 속한 전반적인 진리에 헌신한다. 그들은 자신이 고려하고 있는 종교적 신념들이 마치 본질적으로 진짜인 것처럼 생각하면서 일한다. 만약 그렇지 않으면(최소한 신학의 이러한 엄격한 사회학적 정의라는 관점에서 보자면) 그들은 신학자로서 행동하기를 중단하는 것이다.

셋째, 신학은 단순히 종교적 신념들의 표현이 아니다. 신학은 주로 이러한 신념들에 대한 비판적 설명을 포함하는 지적 추구이다. 이러한 신학 이해는 전적으로 인지적이며 지성적이다. 전형적으로 그것은 학자의 역할에 속하는 것이지 단순히 일반적인 종교 신자의 역할에 속한 것이 아니다. 더욱이 신학에 대한 이런 이해는 의도적으로 종교 전통들 내에 있는 많은 경건서적들을 고려의 대상에서 배제한다. 비록 이런 경건서적이 사회적으로 중요할 수 있더라도 말이다. 경건서적과 신학 사이의 근본적인 사회학적 차이점은, (기록된 예전적 상징들처럼) 전자가 종교적 감동이나 경험 혹은 신념들을 일깨우기 위해 계획된 반면, 후자는 오로지 신념들에 관한 설명과 관계되어 있다는 것이다. 그래서 신학은 형식적인 의미에서는 계속 신학이겠지만, 경건서적과는 달리 참여자들의 종교생활을 촉진하는 데 이차적인 역할만을 수행한다.

넷째, 비록 조직신학이 신학의 중요한 한 양상이긴 하지만, 신학은 최소한 기독교 내에서 신학이 되기 위해 신념체계 전체를 설명할 필요는 없다. 그 대신 신학은 개인의 종교적 신념들의 '추이'에 대한 설명이나 이런 신념들 사이의 상호관련성과 상호작용들에 대한 설명을 포함할 수 있다. 특히 이 중 첫 번째 역할이 적절하게 신학에 속하는 것으로 간주되려면 매우 광범위한 연구가 이루어져야 한다. 그래서 예를 들면 기독교 윤리학과 실천신학 분야는 종교적 신념들의 '추이'에 대한 설명과 관계되는 한, 신학 분야로서의 자격이 주어진다. 물론, 만일 이 학문들이 단순히 그리스도인들에게 살아가기 위한 규칙들을 공급하거나 일하는 데 필요한 '힌트나 팁'을 제공하면서 해석적 학문이라기보다는 규범적 학문으로 좁게 인식된다면, 이 학문들은 이런 식으로 사회학적으로 분류될 수는 없다. 그럼에도 불구하고, 나는 본서 전체에 걸쳐서, 특히 제6장에서 '응용'신학에 대한 해석적 이해가 가능하며 더욱이 지식사회학의 시각에서 이에 대한 분석이 어떤 중요한 통찰을 가져올 수 있다고 주장할 것이다.

마지막으로, 신학에 대한 이런 정의는 '종교적'이라는 모호한 용어를 채택하고, 신학을 유대-기독교 전통에 제한시키지 않는다. 확실히, 신정통주의 신학자들이 흔히 행하는 것처럼, 오늘날 사회학자들은 거의 기독교와 종교를 이분법적으로 구분하려고 하지 않는다. 심지어 피터 버거조차도 이분법적인 초기의 사고 이후로는[6] 그런 이분법을 단념한 지 오래되었다. 신학을 기독교의 것으로만 제한할 만한 훌륭한 사회학적 이유는 없는 듯이 보인다. 더욱이 종교사회학 내의 어떤 중요한 연구는 그런 이분법을 포기함으로써 수행되었다.[7] 신념들에 대한 기록된 설명을 만들어낸다면 어떤 종교의 것이라도 적절하게 신학이라고 주장할 수 있다.

그렇다고 해도 '종교적'이라는 용어는 모호한 것으로 남아 있는데, 기능적 정의를 가진 사람들과 본질적 정의를 가진 사람들에 의해 종교가 광범위하게 다른 방식으로 해석되는 점을 고려할 때 특히 그러하다. 전자에게는 강하게 붙들고 있는 어떤 이데올로기든 거의 '종교적인'[8] 것으로 간주될 수 있고, 그 결과 이데올로기적 신념들에 대한 기록된 설명은 신학으로서의 자격을 갖춘 것으로 보일 수 있다. 아마도 이것은 종교에 대한 대부분의 기능주의적 정의들이 사회학적 연구를 위해서는 너무나 적절하지 않으며,[9] 특히 지식사회학 내에서 그것들은 이데올로기의 '종교적' 형태들과 이데올로기의 '정치적' 형태들을 구분하려는 어떤 시도에서 상당한 혼란을 일으킬 수 있음을 암시

---

6) Peter L. Berger, *The Precarious Vision*, Doubleday, 1961.

7) Bryan S. Turner, *Weber and Islam*, Routeledge & Kegan Paul, 1974, pp.1-4 참조.

8) Betty Scharf, *The Sociological Study of Religion*, Hutchinson, 1970, p.33 참조.

9) Roland Robertson, *The Sociological Interpretation of Religion*, Blackwell, 1970, p.47f 참조..

할 것이다. 그러나 현재의 연구가 기독교적 맥락 내에서의 신학 연구에 제한되기 때문에 이 문제는 그렇게 민감한 사항은 아니다. 그러나 원칙적으로 이것이 이슬람 신학이나 불교 신학 혹은 힌두교 신학의 연구일 수 있다는 것을 강조하는 것이 중요하다. 기독교가 제안하는 특별한 문제들이 무엇이든지 간에, (한 명의 사회학자로서) 사회학자는 그것이 본질적으로 모든 다른 종교들과 다르다는 것을 미리 결정할 수 없다. 기독교 신학이든 아니든 간에, 모든 신학은 동등하게 사회학적으로 분석될 수 있다.

단순한 이데올로기로서의 신학

지식사회학에 관한 설명들 중 신학에 적용할 만한 독창적인 통찰은 다른 신학 형태들과 다른 사회구조 형태들 사이의 특정한 상호관련성이다. 만일 신학이 자신의 규범과 절차, 방법들을 규제하고 그리고 사회에 대해 아무런 의무도 지지 않는 독자적인 학문으로 취급된다면, 지식사회학의 입장에서 신학에 대한 설명은 불가능하다. 신학에 대한 철학적·역사적 설명을 제안할 가능성은 있는 반면, 구체적인 사회학적 설명은 배제될 것이다. 그러나 어떤 신학들과 그 신학들이 발전되는 사회들 사이에 상호관련이 만들어지는 것이 한 번 관찰되면, 진정한 사회학적 설명은 실제로 가능한 일이 된다.

때때로 지식에 대한 사회학적 연구의 가장 초기 개척자로 알려진 프랜시스 베이컨(Francis Bacon)의 저서들에 이미 이런 가능성에 대한 인식이 담겨 있다.[10] 그는 '인간 정신을 괴롭히는' '우상들' 가운데서 어떤 신학과 철학 형태들은 모두 왜곡시키는 효과를 가지며, 그것들이 어떤 문화적·정치적 맥락들에 의해 지지되고 있다고 믿는다.[11] 베이컨의 사고에서 독창적인 요소는 첫째 부분이 아니라 둘째 부분이다. 그래서 특정 신학들이 잘못된 길로 가고 있다고 주장하는 것은 종교적 논쟁에서 흔히 있는 일이다. 그러나 그런 신학들이 사회문화적 및 사회정치적 원인들로부터 유래한다고 주장하는 것은 그리 흔하지 않다.

어떤 계급구조 형태들과 물질적 행위를 어떤 신학 형태들과 상호관련시키기 위해 행해진 최초의 철저한 시도는 바로 카를 마르크스(Karl Marx)와 프리드리히 엥겔스(Friedrich Engels)의 『독일 이데올로기(The German Ideology)』이다. 특히 마르크스에게서 이 책은 헤겔주의에서 완전히 이탈하고 자신의 주요 저작을 펴내기 시작함을 특징적으로 보여준다. 그러니 이 책의 주요 대상이 헤겔주의 신학, 특히 젊은 헤겔주의 철학자들의 저작이라는 것은 놀랄 일이 아니다.

『독일 이데올로기』에 제공된 신학 분석에는 세 가지 뚜렷한 특징이 있다. 첫째, 저자들은 신학이 '이데올로기'의 형태로 나타난다고 주장했다. 둘째, 그들은 일반적으로 이데올로기(그리고 특히 신학)가 정신적 행위와 물질적 행위 사이의 거짓된 구분을 반영한다고 믿었다. 셋째, 그들은 이런 거짓된 구분이 대다수의 사람들을 대표하는 것이 아니라 특권을 가진 지배 계급의 표현이라고 주장했다. 비록 이 세 가지 특징들 모두가 마르크스와 엥겔스에 의해 구체적으로 헤겔 신학과 연결되었지만, 그 특징들은 신학 전반에 대한 더 광범위한 마르크스주의적 비판을 나타내는 것일 수 있다. 동시에 그들은 신학이 지식사

---

10) Curtis and Petras ed., op. cit,. pp.7-8를 보라.

11) Francis Bacon, 'On the Interpretation of Nature and the Empire of Man,' in ed. Curtis and Petras, op. cit., p.96.

회학자에 의해 '단순한(mere)' 이데올로기로 간주되어야 한다는 논지를 편다.

물론 마르크스주의 전문가들 사이에는 마르크스와 엥겔스가 사용한 '이데올로기'라는 용어의 범위와 정확한 의미에 대해, 그리고 그들이 오로지 경제적 구조들이라는 조건에서만 그 용어의 기원을 설명했는지의 여부에 대해 상당한 논쟁이 있다. 그러나 그들이 신학을 '도덕성, 종교 및 형이상학'과 함께 '이데올로기'와 동일한 것으로 간주했다는 사실과 그들이 이데올로기를 상당히 경멸할 만한 것으로 간주했다는 사실은 명백하다.[12] 베이컨의 반신학적 논쟁처럼, 이 요소 자체는 그들 저술의 독창적 특징이 아니었다. 그들이 독특한 공헌을 했던 것은 둘째와 셋째 특징에서였다. 다른 이들도 관념론 신학들(Idealistic theologies)에 대해 애도한 반면, 아무도 거기에서 이루어진 자세한 사회구조적 상호관계들을 진척시키지 못했다.

마르크스와 엥겔스는 신학을 그 자체로 사회적 관계의 어떤 형태들과 연결되어 뒤엉켜 있는 것으로 보았다. 더욱이 그들은 이런 연결의 노출로 인해 신학이 하나의 적법한 학문이라는 데 의문이 제기될 것이라고 상상했다. 그들이 신학에 특별한 관심이 없었고 이미 대체로 종교가 거짓된 것이라고 믿었다 하더라도,[13] 그들은 물질적 행위와 분리된 순수한 사상에 집중한다는 점에 있어서 (최소한 헤겔주의자들에 의해 실천되는 것으로서) 신학의 허위성이 확증됨을 인정했다. '이데올로기' 내에서 의식과 관념들은 결정적인 것들이다. 마르크스와 엥겔스에 의해 진행된 논지 내에서는 "삶이 의식에 의해 결정되는 것

---

12) Karl Marx and Frederick Engels, *The German Ideology*, ed. C. J. Arthur, Lawrence & Wishart, 1970, p.47.

13) Karl Marx and Frederick Engels, *On Religion*, Lawrence & Wishart, 1958을 보라.

이 아니라 삶에 의해 의식이 결정되는 것이다."14)

그러나 신학의 거짓됨에 대한 마지막 지적은 신학이 한 부분을 차지하는 지배계급과 지배개념들 사이의 상호관계성에서 그들에게 제공된다. 그들은 모든 중요한 사건에 있어, 지배계급의 개념들이 사회 내에서의 지배적인 개념들이라고 주장했다. 그래서 "그것을 처분함에 있어서 물질적 생산수단을 가진 계급은 동시에 정신적 생산수단까지도 통제하는데, 그 결과 대체로 정신적 생산수단이 부족한 사람들의 생각은 물질적 생산수단을 가진 계급에 종속된다."15) 그래서 지배계급은 단순히 물질적 생산성뿐만 아니라 또한 정신적 생산성도 결정하는 경향이 있다.

더욱이 그들은 그들이 '역사의 중요한 힘들 중 하나'로 이해했던 노동의 분화가 "그 자체로 또한 지배계급에서 정신적 노동과 물질적 노동이 분화하는 것으로 나타나는데, 그 결과 이런 개념들과 환상들에 대한 다른 이들의 태도가 더 수동적이고 수용적이기는 하지만, 이 계급에 속한 일부가 그 계급의 사상가들(그 자체로 그들의 주요한 생계의 근원에 대해 그 계급의 망상을 완벽하게 만드는 적극적이고 생각이 있는 관념론자들)로 출현한다"16)고 주장했다. 정신적 노동과 물질적 노동 사이의 이런 구분 내에서, 신학자들은 분명히 물질적 노동보다 정신적 노동에 더 종사하는 경향이 있다. 그래서 신학자들이 하는 일이란 실제 세계에 대해 언급하는 것보다는 지배계급 내의 한 부분을 반영하는, 이데올로기적이고 환영적인 것으로 다시금 드러난다. 그것들은 지배적인 '지적 권력'의 일부인데, 그것들이 또한 지배적인

---

14) Marx and Engels, *The German Ideology*, op. cit., p.47.

15) ibid., p.64.

16) ibid., p.65.

‘물질적 권력’의 일부가 되곤 하기 때문에 그 개념들은 다른 이들에 의해 진지하게 여겨진다. 그러므로 그 개념들은 다른 계급을 지배하거나 반대하는 한 계급의 표현이며, 그 계급 내의 다른 이들을 지배하거나 반대하는 한 그룹의 표현이다.

이 기초 위에서, 심지어 포이어바흐의 무신론적 철학조차도 공격을 받게 되었다. 두 저자들은 신학을 인본주의 철학으로 축소시키려는 포이어바흐의 시도에 대해 그리고 심지어 그의 ‘공산주의’와 같은 용어의 사용에 대해 전적으로 냉담했다. 그들에게 ‘인간’의 ‘해방’은 철학, 신학, 실체 및 ‘자의식’과 같이 겉만 번지르르한 것들을 줄인다고 하여, 그리고 결코 그를 속박하지 못했던 이런 표현들의 지배로부터 인간을 해방시킨다고 하여 한 걸음이라도 더 전진하는 것이 아니다.[17] 그 대신, 그들은 ‘해방’이 역사적 행위이지 정신적 행위가 아니며, 그것이 역사적 조건들, 산업, 상업, 농업의 발전에 의해 발생되는 것이라고 믿었다.[18] 다른 신학자들처럼 포이어바흐는 정신적 노동과 물질적 노동 사이의 구분을 반영했으며 그래서 철저하게 부적절하다는 판단을 받았다. 정신적 활동 그 자체로는 결코 세상을 반영할 수도 변화시킬 수도 없다.

심지어 『독일 이데올로기』에서 나온 이런 간략한 개념들의 개요에서조차도, 신학이 부수적 현상이고, 사회적으로 결정된 것이며, 엘리트주의적이며, 지성주의적이고, 결국 거짓된 것으로 간주됨이 분명하다. 그러나 신학을 포함하는 분석은 철학적 실수, 그중에서도 특히 일반적인 오류에 기초해 있을 수 있다. 그들은 신학의 기원들을 폭로함

---

17) ibid., p.61.

18) ibid.,

으로써(심지어 개념들과 물질적 행위 사이의 상호관계성에 기초한 그들의 이론이 옳다고 가정한다 할지라도), 자신들이 신학의 오류를 폭로했다고 상상했다. 나는 다른 책에서, 비록 기원들과 타당성이 때때로 심리학적으로 연결된다 하더라도, 논리적으로 그 둘이 분리되어 있다고 주장하는 것은 중요하다고 말한 바 있다.[19] 헤겔 신학이 그 창시자들의 중산층 배경에 의존하고 있으며, 그럼에도 불구하고 그것이 진실이라는 점을 주장하는 것은 논리적으로 가능한 일이다. 이 점은 만일 혹자가 마르크스와 엥겔스가 사용한 것보다 더 넓은 지식사회학에 대한 이해를 채택한다면 특히 중요한 것이다. 마르크스와 엥겔스는 그들의 반대자들의 견해만을 사회적으로 결정된 것으로 분석하는 것으로 나타나는 반면, 최근의 지식사회학자들은 모든 견해들을 사회적으로 결정된 것으로 분석하고 싶어 한다. 종교사회학의 이러한 두 번째 해석 위에서, 혹자는 특정 사회계급과 물질적 행위 형태들에 대한 세상의 모든 이해들의 기원을 추적할 수 있다. 따라서 만일 기원과 타당성이 이런 식으로 혼란스럽다면, 철저한 환원주의가 필요불가결하게 나타날 것이다. 견해들의 기원을 보여줌으로써, 혹자는 동시에 그것들의 거짓됨을 폭로할 수 있을 것이다.

그러나 『독일 이데올로기』의 신학 분석에 대한 이런 해석은 두 가지 결정적인 특징들을 놓치고 있는데, 하나는 도덕적 특징이고 다른 하나는 공리적(axiomatic) 특징이다. 신학을 반대하는 주장은 단순히 신학이 사회적으로 결정된다는 점이 아니라 신학이 특권 계급의 산물이라는 점에 대한 것이다. 기존의 철학, 도덕성, 법과 함께, 신학은 힘과 특권을 가지지 못한 사람들을 희생한 대가로, 그것들을 가진 사람

---

19) Robin Gill, *The Social Context of Theology*, Mowbrays, 1975, p.20.

들의 입장을 대변하려 한다. 결과적으로 이것은 거짓인데 왜냐하면 그것은 논리적으로 잘못이라기보다는 도덕적으로 잘못이기 때문이다. 더욱이 만일 그 저작에 포함된 논쟁에 대해 명백한 도덕적 구성요소가 무시된다면, 비록 그것의 상수(常數)가 경험적 실재에 호소한다고 해도, 그 주장은 기초가 없는 것으로 보인다. 공리적 특징은 이러한 도덕적 특징에서 발생한다. 신학이 특권에 대한 도덕적으로 옹호할 수 없는 배경에서 비롯된 것이라 하더라도, 신학은 또한 그 책 전체에 걸쳐 그 부적절함이 공리적으로 채택되는 정신적, 물질적 노동 사이의 이분법에 의존하는 것처럼 보일 수 있다. 기원을 타당성과 혼동한다고 마르크스와 엥겔스를 비난하는 일은, 그들의 관점에서, 단순히 다른 종류의 정신 활동에 반대하는 일련의 정신적 활동들, 즉 그들이 공리적으로 반대하는 바로 그 철학 형태를 탐닉하는 범위에까지 미칠 것이다. 만약 개념들이 경험적 실재와 물질적 행위에 확고하게 기초되어 있지 않다면, 그 개념들은 정의상 거짓이다. 이것은 이후에 논리실증주의자들에 의해 제시된 것만큼이나 비타협적인 공리다.

만일 이 분석이 옳다면, 『독일 이데올로기』는 확실히 도덕적이고 공리적인 특징들에 의존하고 있다. 바로 현대 학자들이 동의하든 그렇지 않든, 내가 『신학의 사회적 맥락』에서 변호했던 사회학적 방법론에서 결정적인 부분을 수행할 수 없는 도덕적이고 자명한 특징들 말이다. 더욱이 그 작업은 그 논쟁이 헤겔주의에 반대하는 방향으로 향한다는 점에서 필수적으로 제한된다. 나는 다른 신학 형태들이 그런 비난들에 적합하지 않다는 것을 마지막 장에서 주장할 것이다. 특히 다른 신학 형태들은 더 이상 꼭 단일한 사회계급의 산물이지는 않기 때문이다.

그럼에도 불구하고 『독일 이데올로기』의 신학 분석에서 최소한 하나의 중요한 특징이 남아 있다. 그것은 아마도 최초로 어떤 철저한 방법을 통해, 신학이 자율적이거나 사회적으로 독립적인 것이 아니고, 신학적 개념들과 사회구조들 사이의 관계에 대한 분석이 가능하고도 정당한 실천이라고 제안했다는 점이다. 이러한 독창적인 통찰로부터 신학에 대한 지식사회학의 적용이 진행될 수 있다.

일반적 이데올로기로서의 신학

'일반적 이데올로기' — 주로 카를 만하임(Karl Mannheim)의 저술과 관련된 용어인 — 의 특징을 지닌 신학에 대한 관념이 발전될 수 있다는 것은 확실히 이러한 주요한 통찰력에서 비롯되었다. 마르크스와 엥겔스처럼 만하임은 개념들, 생각들 및 의식 그 자체가 사회구조들에 의해 결정되는 방식을 추적했다. 그들의 저술처럼, 만하임의 저술은 고유한 논쟁적, 도덕적 기초를 갖고 있었다. 그리고 이 두 가지 기초는 그저 공평무사한 것들이 아니다. 그럼에도 불구하고 만하임의 저술은 마르크스와 엥겔스의 저술들보다 상당히 더 자기비판적이었으며, 인간의 산물들에 대한 사회학적 방법들의 적용이 직면하는 방법론적 문제들과 관련되어 있었다. 더욱이 그는 대개 자신의 연구를 기술하는 데 그리고 순수한 사회학적 주장들(예를 들면, 인식론적 주장들)을 분석할 때 그것을 명료하게 하는 데 주의를 기울였다. 그 외에 마르크스와 엥겔스와는 달리, 분명 그는 신학을 자명한 허위로 다루지 않았다(그가 신학을 예증으로 사용한 소수의 경우들을 근거로 해서 말하자면 그러하다).

만하임은 세 가지 이데올로기 형태 — 이데올로기의 '특정한' 이해,

‘전체적’ 이해, ‘일반적’ 이해 ─ 를 구분하면서 진정으로 지식사회학을 구성하는 것은 일반적 이해뿐이라고 믿었다. ‘특정한’ 이해 하에서 분석가는 의식적이든 반(半)의식적이든 심지어 무의식적이든 간에, “숨김과 허위와 거짓들로 간주될 수 있는 특별한 언급들”에 대해서만 회의적이다.[20] ‘전체적’ 이해 하에서 분석가는 다른 사람의 전체 정신구조에 대해, 즉 반대자의 전체적 세계관(그의 개념적 도구를 포함하여)에 대해 회의적이고, 이러한 개념들을 반대자가 참여하는 총체적 삶의 부산물로 이해하려고 시도한다.[21] 그러나 “혹자가 자기 반대자들의 개념들을 그들이 점유하는 사회적 입장들의 단순한 기능으로 해석하는 반면, 자기 자신의 입장에 의문을 제기하지 않고 그것을 절대적인 것으로 간주하는 한” 그 분석은 지식사회학이 되지 못한다.[22] 만하임은 마르크스주의가 명백하게 이데올로기의 ‘전체적’ 이해를 갖고 있었다고 보아 그것에 지식사회학으로서의 권한을 부여하지 않았다. 이데올로기의 전체적 개념에 대한 ‘일반적’ 형태 하에서, 분석가는 “단지 반대자의 관점만이 아니라 자신의 관점을 포함하는 모든 관점들을 이데올로기 분석을 받게 할 용기”가 있어야 한다.[23]

이데올로기에 대한 이러한 ‘일반적’ 이해라는 조건에서, 신학은 지식사회학의 적절한 주제로 다루어질 자격을 갖추고 있는 것으로 볼 수 있으며, 더 나아가 신학에 대한 지식사회학의 적용이 신학이 허위적이라는 어떤 신념을 꼭 의미하지 않을 수도 있다. 신학은 ‘허위의식’의 산물이나 혹은 정신적 산물과 물질적 산물 사이의 부적절한 구

---

20) Karl Mannheim, *Ideology and Utopia*, Routledge & Kegan Paul, 1936, p.238.

21) ibid., p.50.

22) ibid., p.68.

23) ibid., p.69.

분으로서가 아니라, 모든 다른 개념들처럼 단순히 인간의 어떤 산물로서 연구될 수 있다. 지식사회학에 의해 제공된 관점에서 볼 때, 신학은 옹호자들에게나 비판자들에게 똑같이 사회적으로 구성된 실재이다.

지식사회학에 대한 만하임의 급진적 이해는 단지 반대자들의 관점들에만 초점을 맞추는 마르크스주의자들의 경향과 다를 뿐만 아니라, 개념들의 '형식(form)'과 '내용(content)' 사이를 구분하려는 막스 셸러(Max Scheler)의 시도와도 달랐다. 막스 셸러는 마르크스주의자들과 관념론자들 사이의 중간 입장에서, 그러나 아마도 그가 로마 가톨릭에 약간 빚을 지고 있었을 것이기 때문에,[24] 지식사회학이 주로 개념들의 '내용'과는 구별되는 것으로 '형식'과 관련되어 있다고 주장했다. 셸러는 "모든 지식, 즉 모든 사고, 지각, 인지 형태들의 사회학적 성격은 의심할 여지가 없는 것이다. 물론 모든 지식의 내용이나 그것의 객관적 타당성이 아니라, 지배하는 사회적 이익의 관점에 따라서 지식의 대상들을 선택하는 것…… 지식이 획득한 정신적 행위들의 '형식들'은 항상 그리고 반드시 사회학적으로, 즉 사회의 구조에 의해 함께 조건화된다"고 언급한다.[25] 반대로 만하임은 셸러가 우려했던 일종의 상대주의의 위험에서조차도, 형식과 내용 둘 모두에 대해 철저한 방법으로 지식사회학을 적용하기를 원했다. 그래서 만하임은 "존재의 조건들이 단순히 개념들의 역사적 기원에 영향을 끼치는 것이 아니라, 사상의 산물들의 본질적인 부분을 구성하며 그것들이 그 자

---

24) Peter Hamilton, *Knowledge and Social Structure*, Routledge & Kegan Paul, 1974, p.75f 를 보라.

25) Max Scheler, 'The Sociology of Knowledge: Formal Problem,' in Curtis and Petras ed., op. cit., p.175.

체의 내용과 형식을 갖게끔 했다"고 본다.[26]

 명백하게, 이러한 급진적 입장은 특정 관념들의 타당성에 대해 다시금 의문을 불러일으킨다. 수학, 지리학, 경제학에서 발견되는 순수하게 형식적이고 추상적인 어떤 관념들을 제외한 모든 관념들은[27] 이제 적절하게 지식사회학의 사회구조적 분석을 필요로 하는 듯이 보인다. 진정한 의미에서 그런 관념들 모두는 특별한 사회적 맥락들과 구조들에 '상대적인' 것으로 밝혀져 있다. 더욱이 모든 관념들이 상대적인 것으로 밝혀져야 한다는 것은 셸러와 만하임 둘 모두의 희망 가운데 하나였다. 마르크스와 엥겔스가 그들의 반대자들의 견해들이 상대적이라는 것을 보여주려고 한 반면, 대체로 셸러는 과학적 실증주의자들을 상대화하려 했고[28] 만하임은 정치적 관념론자들과 유토피아주의자들을 상대화하려 했다. 그러므로 이 세 가지 입장들은 본래부터 논쟁적이었다. 그러나 뒤의 두 입장들은, 심지어 그들 자신의 관념들이라 할지라도, 관념들이 절대적 관점에서 취급되어선 안 된다고 주장한다는 점에서 첫째 입장과는 달랐다. 그것은 정확하게 타당성과 상대성의 문제들을 야기하는 입장이다.

 따라서 만하임은 관념들의 기원들과 타당성 사이의 복잡한 관계를 다시 고려하도록 압력을 받았다. 그는 특정 관념들의 사회적 결정요소들을 노출하는 일이 반드시 그 관념들의 비타당성을 결국 드러내게 된다는—어떤 마르크스주의자들의 견해인—첫 번째 견해를 거부했다. 그는 또한 기원들과 타당성에 관한 질문들이 아주 분리되어 있다

---

26) Mannheim, op. cit., p.250.

27) ibid., p.39.

28) Max Scheler, 'On the Positivistic Philosophy of the History of Knowledge and Its Law of Three Stages,' in Curtis and Petras ed., op. cit., pp.161-169를 보라.

는—전통적 철학의 견해인—두 번째 견해도 거부했다. 그 대신, 그는 그 이상의 가능성을 제시했다.

우리 자신의 견해를 대표하는 것으로 지식사회학자가 내놓는 주장들의 가치를 판단하는 세 번째 방법이 있다. 그것은 주장하는 이의 사회적 입장에 대한 단순한 사실적 증명과 확인이 지금까지 우리에게 자기주장의 진리치에 대해 아무것도 말해주지 않는다는 것을 보여준다는 점에서 첫 번째 견해와 다르다. 그것은 이 주장이 그저 일부의 견해를 대표한다는 의심을 내포할 뿐이다. 두 번째 대안에 반대하는 것으로, 그 방법은 지식사회학을 단지 어떤 주장이 발생하는 실제적 조건들에 대한 묘사를 제공하는 것으로 간주하는 것이 부정확할 수 있다고 주장한다. 지식에 대한 모든 완전하고 철저한 사회학적 분석은, 구조뿐만 아니라 내용에 있어서도 그 견해가 분석되게끔 한다. 즉, 그것은 단순히 관계의 존재를 확립하는 것이 아니라 동시에 분석의 범위와 그 분석의 타당성 정도를 특수화하고자 한다.[29]

비록 반드시 엄격한 논리적 결과는 아니라 하더라도, 지식사회학을 관념들에 적용하는 효과는 결과적으로 그 관념들이 부분적이고 특수한 것들로 나타난다는 점이다. 그런 분석을 필요로 하는 관념들을 유지하는 사람들이 계속해서 그 관념들을 완전한 것들이라고 주장하기는 어려운 일이다. 그것들은 상대화되고 특수화된다.

지식사회학에 대한 만하임의 설명 안에 있는 모든 요소들 가운데서

---

29) Mannheim, op. cit., pp.254-255.

가장 심각한 비판을 받아야 할 필요가 있는 것이 바로 이것이다.[30] 물론 비록 기원들과 타당성이라는 이 둘 사이에 어떤 종류의 연결 ― 내가 주장한 바와 같이 논리적인 것이라기보다는 심리적인 것인 ― 이 있다 하더라도, 어떤 사람들은 단순히 어떤 다른 학문 분야의 부산물이 되는 것 대신에 본래의 논쟁적 기초를 제공하면서 만하임의 저술에 핵심적 방향을 공급해 준다고 주장하는 반면, 어떤 사람들은 여전히 기원들과 타당성의 완전한 분리를 주장한다. 더욱이 지식사회학이 발생시킨 명백한 상대주의의 문제에 대한 그의 특별한 해결책은 비판을 초래했다. 그는 '상대주의(relativism)'와 '상관주의(relationism)'를 구별하는데, 상관주의는 모든 역사적 지식이 "관찰자의 입장과 관련해서만 공식화될 수 있고"[31], 상대주의에 있어서는 역사적 지식이 사회구조적 분석의 결과들에 대한 묘사로서 더 선호된다고 믿고 있다. 이러한 구별은 많은 지지를 받았던 것은 아니다. 그는 결국 지식인들이 그들 스스로 상대주의를 극복할 수 있다는 자신감을 갖고 있지 않았다고 본다. 하지만 비록 그의 결론들 중 어떤 것들이 수용되지 않는다 하더라도 그의 주장의 중요한 부분은 남아 있다. 비록 부작용이 있다 하더라도, 관념들에 대해 지식사회학을 적용함으로써 독단적인 확신을 손상시킬 수 있다. 이것은 비록 그것이 지식사회학의 존재 이유로 발전될 수는 없다 하더라도, 강력한 전망으로는 남아 있다.

이 가능성은 분명히 지식사회학의 견지에서 신학을 분석하는 데 적절하다. 신학적 반대자들을 공격하기 위한 수단이나 혹은 대체로 신

30) Hamilton, op. cit, pp.120-121, and Peter L. Berger and Thomas Luckmann, *The Social Construction of Reality*, Penguin, 1971, p.20f를 보라..

31) Mannheim, op. cit., p.71.

학적 교조주의를 불신하는 수단으로서만 지식사회학을 사용하려는 시도는 혹자가 그 학문의 논쟁적 이해에 동의하지 않는 한 의혹의 대상으로 남아 있어야 한다.[32] 그러나 신학의 특정 분야들에 지식사회학을 적용하는 효과 중 하나는 신학의 특정 분야들이 '편파적'이며 '특별한' '의심'을 불러일으킬 수 있다는 점이다. 이것은 별개의 주장이지만 그럼에도 불구하고 중요한 주장이다.

　자신의 논쟁적 동기들이 무엇이든지 간에, 만하임이 지식사회학 분야가 철저히 엄격한 분야가 되도록 의도했다는 것은 분명한 사실이다. 그는 주로 통계적 증거로부터 도출된 순수한 양적 상호관계성들만이 적절하게 엄격한 것으로 간주될 수 있다는 사회학적 견해를 거부했다. 이것은 그가 이따금씩 하나의 신학적 예를 사용한 것들 중 하나인 다음 문장에서 명백하게 나타난다.

　　혹자가 주로 억압받는 계층들의 분노라는 관점에서 이해할 수 있는 초기 기독교 공동체들의 윤리에 관하여 진술했을 때, 다른 이들이 아직 지배에 대한 진정한 열망을 갖고 있지 않았던 그 계층의 정신 상태와 일치했기 때문에 이런 윤리적 전망이 전적으로 비정치적이라고 덧붙였을 때, 그리고 이미 붕괴된 로마 제국의 종족 구조라는 토양에서 발생했기 때문에 이 윤리가 종족의 윤리가 아니라 세계 윤리라고 말했을 때, 한편으로 사회적 상황들과 다른 한편으로 심적 -윤리적 행위 양태들 사이의 이런 상호연결들이 측정할 수 있는 것이 아니라는 것과 그럼에도 불구하고 상관계수들이 다양한 요소들 사이에 확립된 것보다 그것들의 본질적 성격을 더 집중적으로 관통

---

32) Hans Speier, 'The Social Determination of Ideas,' in Curtis and Petras ed., op. cit., pp.263-281를 보라.

할 수 있다는 것이 분명하다. 우리가 이런 규범들이 발생하는 그런 경험의 일차적 상호의존성에 대해 분별력 있는 접근을 사용했기 때문에 그 상호연결들은 명백하다.[33]

만하임의 사회학 해석은 명백히 사회학에 대한 베버의 인간주의적 접근에 많이 빚지고 있다. 그는 초기 기독교 윤리학에 대한 분석에서 이해하기(verstehen, '주관적' 견해로부터 행위자의 동기를 이해함으로서 행동을 해석하려는 시도. 예를 들면, 자기 스스로를 행위자의 장소에 위치시키기를 시도하는 조사자)[34]가 통계적 상호관계들보다 더 강력한 도구라고 믿었다.

그러나 그의 저술은 바로 이 점에서 비판을 받았다. 그래서 예를 들면 로버트 머튼(Robert Merton)은 만하임이 사고와 사회의 '연결성'을 적절하게 명료화하지 못했다고 주장한다. 그에게는 "한 번 사고구조가 분석되었다면, 거기에는 그룹들을 한정하기 위해 그 사고 구조를 주입하는 문제가 발생한다. ……이것은 지배적으로 이런 관점에서 생각하는 그룹들이나 계층들에 대한 경험적 조사뿐만 아니라 왜 다른 그룹들이 아닌 이런 그룹들이 이런 사고 형태를 드러내는가에 대한 해석을 필요로 한다."[35]

이런 비평에 대처하기 위해서, 만하임은 왜 로마제국 내에서 억압받는 소수의 초대 그리스도인들이 어떤 윤리적 입장들을 발전시켰는가를 증명해야 했을 것이다. 그 과정에서 그는 그리스도인들을 다른

---

33) Mannheim, op. cit, pp.40-41.

34) Talcott Parsons, 'Introduction' to Max Weber, *The Sociology of Religion*, Methuen, 1965, p.xxiii.

35) Merton, op. cit.

소수자들과 구별했던 그들의 신학적 관념들을 더욱 진지하게 취하도록 압력을 받았을 것이다. 그럼에도 불구하고, 그의 전반적인 요점은 남아 있다. 양적 상호관계성들은 지식사회학에서 항상 가장 적절한 연구방법은 아니다. 확실히 역사신학 분야에서 사회학자는 거의 선택권을 가지지 못한다. 그러한 상호관계성들은 내가 제5장에서 주장하는 것처럼 현대 신학의 연구에 적절할 수 있지만, 심지어 여기서조차도 과연 그런 관계성들이 특정 신학적 입장들의 결정요소들과 중요성에 대해 어떤 완전한 사회-구조적 분석을 공급할 수 있을 것인지에는 의문이 든다. 더욱이 머튼 자신은 지식사회학자에게 열려 있는 다양한 연구 방법들이 있다는 것뿐만 아니라 그가 사고와 사회 사이에 구축할 수 있는 다양한 '연결' 형태들이 있다는 사실을 인정한다.[36] 신학의 사회적 결정요소들을 분석하는 사람들은 신학적 개념들과 사회구조들 사이의 느슨한 연결들로부터 직접적이고 원인이 되는 결정요소들을 구별하는 것만이 중요하다.[37]

지식사회학을 신학에 적용하는 일과 관계된 사람들을 위해, 만하임은 중요한 모델을 제공한다. 본질적으로 그의 다소 논쟁적이고 인식론적인 관심들에도 불구하고 그리고 지식계급과 그들을 통하여 지식사회학이 밝혀낼 수 있는 '사실들(facts)'에 대한 그의 자신감에도 불구하고, 그의 작업은 중요한 것으로 남아 있다. 한편으로 신학 운동들 및 개념들과 다른 한편으로 사회구조 및 문화 사이의 엄격한 분석은 신학이 반드시 거짓 실행으로 드러나게 된다는 가정 없이도 가능하게

---

36) ibid.

37) Bernard Baber, 'Toward a New View of the Sociology of Religion,' in Lewis A. Coser ed., *The Idea of Social Structure*, Harcourt Brace Jobanovich, 1975, pp.103-116 참조.

된다.

신학 vs. 이데올로기

이런 입장을 넘어서는 명백한 진전은 지식사회학을 통해 신학이 아닌 이데올로기를 불신하려는 시도를 포함한다. 이 입장은 신학과 이데올로기 둘 다에 대한 마르크스주의적 기각을 거짓으로 보지도 않고 신학을 일반적 이데올로기로 보는 만하임주의적 개념을 수용하지도 않는다. 그 대신, 어떤 다른 관념들에 적용될 수 있는 비난으로부터 면제해주기를 시도한다.

최소한 부분적으로 이 주제는 막스 셸러의 저술들, 특히 오귀스트 콩트(Auguste Comte)의 실증주의에 대한 셸러의 비판에 나타난다. 콩트는 신학, 형이상학 및 과학이 인간 사상의 세 가지 단계라고 보았다. 신학이나 종교는 가장 원시적인 단계이고, 형이상학이나 철학은 중간 단계이며, 실증적 과학은 인간 지식의 가장 진보된 단계라는 것이다. 반면, 셸러는 이 세 가지 모두가 분리되어 있지만 균등하게 유효한 인식 형태들이라고 주장했다.[38] 사실상, 세계관들의 유형론을 만들기 위한 시도에서, 그는 심지어 종교적 지식이 순수한 기술적 지식보다 상당히 덜 '인공적'이며 그 결과 사회변화에 덜 개방적이라고 결론을 내렸다.[39]

그러나 신학을 이데올로기에 따라다니는 제한들로부터 제외시키려

---

38) Scheler, op. cit.

39) Hamilton, op. cit., p.81.

는 시도가 가장 분명하게 이루어진 것은 워너 스탁(Warner Stark)의 저술들에 나타난다. 스탁은 '이데올로기'와 '지식' 사이에 그리고 '이데올로기적 학설(doctrine of ideology)'과 '지식사회학' 사이에 구별이 이루어져야 한다고 믿는다. 그는 "전자가 적절한 진로를 벗어난 사고 형태를 다루는 것이고, 후자는 모든 사고 형태들, 특히 우리의 전체 세계관의 지적 틀을 형성하는 사고 형태 그리고 그 자체로 어떤 이익을 추구하는 거짓 경향을 주장하기 오래 전에 이미 존재하는 사고 형태들을 다루는 것"이라고 본다.[40] 그는 명백하게 『독일 이데올로기』의 입장과 만하임의 입장 사이의 중간 입장을 수용한다. 『독일 이데올로기』의 입장처럼, 그는 '이데올로기' 그 자체가 '적절한 진로에서 벗어난 것이며' '거짓이며' '관심을 초래하는 것'이라고 믿고 있다. 만하임의 입장처럼, 그는 지식사회학이 자체의 지식을 포함하여 모든 지식과 관련되어야 한다고 믿고 있다. 심지어 그는 "모든 사람들이 자신의 잠재의식을 통제할 수 있거나 통제하려 하고, 이기적이거나 분파적인 이익들에 대한 암시를 초월할 수 있거나 초월하려 한다면, 연구할 만한 원재료가 현대세계에 더 이상 없기 때문에 이데올로기적 학설은 사라질 것"[41]이라고 상상하기도 했다.

스탁은 이익을 추구하는 생각, 즉 경멸적인 표현으로 사용되는 '이데올로기'와 '지식' 사이를 구별하는 보다 나은 방법을 갖고 있는 듯 보인다. 버거와 루크만(Thomas Luckmann)은 스탁의 입장이 만하임의 입장보다 셸러의 입장에 더 가까우며, 스탁에게 "핵심적인 문제는 오류의 사회학이 아니라 진리의 사회학"[42]이라고 주장한다. 이것은

---

40) Werner Stark, *The Sociology of Knowledge*, Routledge & Kegan Paul, 1958, pp.48-49.
41) ibid., p.49.
42) Berger and Luckmann, op. cit., p.24.

1270년의 신학자들과 1870년의 과학자들 사이를 비교한 결과인 다음 단락에서 분명히 나타난다.

> 지식사회학이 모든 사람에게 내적 덕성일 뿐만 아니라 잠재적으로 지성인의 덕성인 겸손과 자비를 가르칠 수 있어야 한다는 것은 그리 작은 봉사가 아니다. 그것은 자체의 지식의 본질적 한계를 나타내고 그로써 겸손을 가르친다. 그것은 이웃 사람의 견해의 분명한 불합리성 가운데서 합리성을 나타내고 그로써 자비를 가르친다. 진리가 자체의 적절한 영역 안에서만 진리인 한에 있어서, 지식사회학은—진리의 남용에서 비롯되는—가장 위험하고 못마땅한 실수 형태에 대한 귀중한 개선책을 포함한다.[43]

만하임의 입장과의 초기의 유사성에도 불구하고, 위 단락은 상당히 그 너머로 나아간다. 스탁과 만하임 둘 모두가 지성적 겸손의 선구자로서 지식사회학에 대한 논쟁적 이해를 주장하지만, 스탁은 그것이 진리와 실수를 구별할 수 있다고 믿는다. 스탁의 입장을 셸러의 입장과 매우 가깝게 만드는 스탁의 사고에는 존재론적 기초(그리고 아마도 신학적 기초)가 있다.[44] 이것은 결국 "모든 정신적 지평이 제한되고 한정되어 있다는 점을 불가피하게 체득한 지식사회학자는…… 그들을 단일한 문화, 단일한 삶의 순회와 습관보다 더 잘 보이는 정상에 서게 하고 그리고 힐끗 보는 것으로도 좁은 계곡의 산물들이나 일시적인 산물들 이상의 진리들을 잡아내게 하는 그런 고지대들로 자신

---

43) Stark, op. cit., p.159.

44) Hamilton, op. cit., p.87 참조.

의 길이 나아가게 할 책임이 있다고 주장할 때” 특히 분명하다.[45]

지식사회학과 종교사회학 두 분야에서의 저술들에서 보면,[46] 스탁이 신학을 ‘이데올로기’보다는 ‘지식’으로 보며 그래서 신학을 지식사회학 분야에 적절한 주제로 본다는 것은 분명하다. 그러나 개별 신학자와는 구별되는 것으로서, 신학은 실제로 지식사회학에 적절하다. 왜냐하면 지식사회학은 미시사회학보다는 거시사회학을 사용하기 때문이다. 그는 ‘미시사회학’이 “학문과 예술의 더 좁은 세계, 즉 학문과 예술적 창조의 내부 세계”와 관련되어 있는 반면, ‘거시사회학’은 “포괄적인 사회와 그 영향, 즉 사회적 종합 체계”와 관련되어 있다고 본다.[47] 그래서 특정 신학 운동들의 사회적 결정요소들에 대한 연구는 거시사회학을 포함하지만, 개인 신학자의 사회적 결정요소들에 대한 연구는 그것을 포함하지 않는다. 더욱이, 그의 관점에서 보자면, 단지 특정 신학 운동들의 사회적 결정요소들에 대한 연구만이 지식사회학에 적절하다.

스탁의 다양한 구별들을 위한 어떤 적절한 기초를 확립하는 것은 극히 어려운 일이다. 거시사회학이나 미시사회학에 속하는 데이터들, 혹은 ‘지식’이나 ‘이데올로기’에 적절한 데이터들을 구별하기가 경험적으로 항상 어려울 뿐만 아니라, 지식사회학을 단순히 ‘거시사회학’과 ‘지식’에 한정시켜야 하는 분명한 이유도 없다. 스탁의 분석 결과는 학문 분야를 독단적으로 제한시킨다.

더 비판적으로 말하자면, 현재의 맥락에서 다른 관념들에 따라다니

---

45) Stark, op. cit., p.346.

46) Werner Stark, *The Sociology of Religion*, Routledge & Kegan Paul, 1966-1969, Vols I-V.

47) Stark, *The Sociology of Knowledge*, op. cit., pp.20-21.

는 비난에 대해 신학은 예외로 두려는 셸러와 스탁의 시도는 신학에 대한 사회학적 이해를 효과적으로 돕기보다는 오히려 방해한다. ‘이데올로기’라는 용어는 지식사회학의 엄격한 이해를 위해서는 어떤 가치가 내재된 모호한 것일 수 있지만,[48] 타당성에 대한 앞선 가정 없이, 모든 다른 지성적 관념들 및 운동들과 함께 신학적 관념들과 운동들을 배치하려는 준비는 지식사회학의 엄격한 이해를 위한 필수조건이다. 이런 식으로 고찰해보면, 지식사회학을 통해서 이데올로기를 신학과는 완전히 별개의 것으로 보면서 이데올로기를 불신하려는 어떤 시도도 신학에 대한 사회학적 설명에서는 퇴보이다.

사회적으로 구성된 실재로서의 신학

지식사회학이란 관점에서 바라보는 신학에 대한 설명의 마지막 입장은, 사회적 결정요소들에 대한 분석에 있어 다른 지성적 운동들과 함께 신학이 편견 없이 배치되어야 한다는 것뿐만 아니라, 그런 운동들처럼 신학이 때때로 사회적으로 중요성을 지닐 수 있다는 것이다. 그래서 신학은 방법론상 사회적으로 구성된 것으로 여겨지지만, 그럼에도 불구하고 사회적 실재로 간주된다. 사회학자는 사회가 신학에 영향을 줄 가능성과 반대로 신학이 사회에 영향을 줄 가능성 둘 다를 고려해야 한다. 즉, 신학은 때때로 사회 내에서 종속변수 및 독립변수로 작용한다.

이 입장에 대한 가장 분명한 표현은 내가 제4장에서 언급하려고 하

---

48) Barber, op. cit. 참조.

는 막스 베버의 『프로테스탄트 윤리와 자본주의 정신(The Protestant Ethic and the Spirit of Capitalism)』에 나타난다. 우선 베버가 어떤 철저한 방법으로 특정 신학적 개념들이 사회적 중요성을 가질 수 있다는 명제를 최초로 탐구했다는 사실을 언급하는 것이 중요하다. 때때로 그가 이런 신학적 개념들의 사회적 결정요소들을 추적하는 데 관심이 있었던 반면 — 예를 들면, 사회적 정치적 조건에서 일신론의 부흥에 대한 설명[49] — 그럼에도 불구하고 그는 그런 개념들을 사회 내의 잠재적 독립변수들로 간주했다. 신학을 경제적 요소 및 계급 요소의 산물이라고 보는 『독일 이데올로기』와는 달리, 『프로테스탄트 윤리와 자본주의 정신』은 신학적 개념들이 경제적 관계에 영향을 미칠 수 있다는 놀라운 주제를 제안했다.

그러나 현대 사회학자들 가운데, 사회적으로 구성된 실재로서의 신학에 대한 관념은 다른 학자들에게만큼이나 피터 버거와 토마스 루크만에게 많이 빚지고 있다. 마르크스와 엥겔스, 셸러, 스탁이나 심지어 만하임에 의해 제공된 다양한 논쟁적 지향성들을 분명하게 피하면서, 그들은 지식사회학을 "사회학의 경험적 분야의 일부"[50]로 간주하면서 지식사회학 그 자체나 다른 영역에서 사회학적 분석의 타당성에 대한 어떤 인식론적 질문들이나 방법론적 질문들을 하나로 묶어 다루어야 한다고 주장한다. 그들은 사회학적, 철학적, 인식론적 질문들이 그렇게 엄격하게 구별될 수 없다고 주장하는 알래스데어 매킨타이어(Alasdair MacIntyre)[51] 같은 사회학자들과는 분명히 의견을 달리한다.

---

49) Weber, op. cit., p.23f를 보라.

50) Berger and Luckmann, op. cit., p.26.

51) Alasdair MacIntyre, *Against the Self-Image of the Age*, Duckworth, 1971를 보라. 또한 J. Habermas, *Knowledge and Human Interests*, Beacon Press, 1971를 보라. Ninian

그러나 만하임처럼 심지어 그 질문들이 매 순간 인식론적 질문들과 분리되지 않는다는 사실을 인정하는 때조차도, 사회학자들이 엄격하게 사회학적 질문들에 초점을 맞추는 것은 가능한 일이다. 더욱이 그 두 저자들은 자신들의 조사결과의 인식론적 뉘앙스를 인정한다. 그러나 그들은 결코 그 질문들을 자신들의 신학 이해에 핵심적인 것으로 만들지도 않고 그 질문들의 특별한 함의를 설명하지도 않는다.[52]

지식사회학의 본질과 범위를 재규정하려고 추구함에 있어서, 그들은 일상생활에서의 '지식'에 초점을 맞추기 위해 슐츠(Schutz)처럼 순서대로 마르크스, 뒤르켐(Emile Durkheim), 베버 및 심리학자인 미드(G. H. Mead)로부터 다수의 요소들을 모은다. 더욱이 그들은 그것이 지성적 지식이라기보다는 지식사회학을 위해 핵심적 초점을 공급하는 일상생활에서의 지식이라고 주장한다. 이것은 아래의 인용이 증명하는 것처럼, 그들의 지식사회학 이해와 마르크스와 엥겔스, 만하임, 스탁의 지식사회학 이해 사이의 결정적 차이를 특징짓는다.

> 지식사회학은 그 스스로 사회에서 '지식'으로 간주되는 모든 것과 관계되어야 한다. 혹자가 이것을 진술하자마자, 그는 지성사(intellec-tual history)에 관한 초점이 잘못 선택되었거나, 혹은 만일 지성사가 지식사회학의 핵심적 초점이 된다면 잘못 선택된 것이라는 사실을 깨닫게 된다. 이론적 사상, '관념들', 세계관들은 사회에서 중요한 것이 아니다. 비록 모든 사회가 이런 현상들을 포함한다 하더라도, 그것들은 단지 '지식'으로 간주되는 것의 합계의 일부이다. 어떤 사

Smart, *The Science of Religion and the Sociology of Knowledge*, Princeton University Press, 1975, p.74f 참조.

52) Berger and Luckmann, op. cit., p.25를 보라.

회에서든 단지 제한된 그룹의 사람들만이 '관념들'에 대한 직무와 세계관들의 구조를 이론화하는 데 종사한다. ……사회와 역사에서 이론적 사고의 중요성을 과장하는 것은 이론가들이 저지르는 통상적 실패다.[53]

피터 해밀턴(Peter Hamilton)은 이렇게 표현된 목적을 건전한 것으로 이해하는 반면, 근본적으로 다른 이론들의 '거의 전적으로 불필요한 통합'로 인해 그들이 어떤 과학적 방식으로 그것을 성취할 수 없게 된다고 주장한다. 그에게, "완전히 다른 사회학적 입장들의 통합은 전 사회학적 단계에서 가능한 것으로 보인다. ……사실상, 베버, 마르크스, 뒤르켐 및 보다 작은 범위에서 미드의 경험적 통찰력은 그들 작업의 피상적으로 동화할 수 없는 요소들 속으로의 광범위한 사변적 탈선에 잠기게 된다."[54]

물론 버거와 루크만은 그들의 작업이 완전히 다른 사회학적 입장들을 통합하거나 '종합을 위한 종합'을 산출하기 위한 시도로서가 아니라, "사상가들 중 어떤 사람들이 매우 이질적인 것이라고 이해했을 수도 있는 어떤 이론적 구성과 그들의 사상을 통합함으로써 심지어 어떤 사상가들에게 폭력을 행사할 수 있는" 특별한 역사적 부채를 가진 하나의 새로운 작업으로 보아야 한다고 주장한다.[55] 그 논점은 훌륭하고도 중요하다. 그럼에도 불구하고, 그들의 작업이 '시험 가능한 설명들'을 거의 공급하지 않는다는 해밀턴의 핵심적 비판(즉, 그것이

---

53) ibid., pp.26-27.

54) Hamilton, op. cit., p.145. Björn Eriksson, *Problems of an Empirical Sociology of Knowlege*, Uppsala, 1975 참조.

55) Berger and Luckmann, op. cit., p.29.

이런 점에서 비경험적이고 비과학적이라는 것)이 남아 있다. 나는 다른 곳에서 버거의 세속화 논지를 평가하기 매우 어렵게 만드는 것이 바로 그 논지 속에 있는 이러한 사변적이며 비경험적 요소라고 자세히 주장한 바 있다.56)

그러나 현재의 맥락에서 중요한 것은 '지성적' 지식을 희생하여 일상의 지식을 강조하는 점이다. 만일 지식사회학에 대한 버거와 루크만의 재정의가 수용된다면, 신학에 대한 검토는 그러한 정의에서 볼 때 꽤 주변적 활동으로 나타날 것이다. 내 관점에서 볼 때, 만일 신학이 대체로 개인의 종교적 신념들의 '추이'와 종교적 신념들 사이의 상호관계성들과 상호작용들의 결과에 대한 기록된 해석으로 이해된다면, 이것은 특히 그 경우에 해당하는 것이다. 결국 이것은 명백하게 신학에 대한 지성적 이해이다. 마르크스와 엥겔스, 그리고 버거와 루크만은 공통적인 그 무엇 ―신학과 철학이 자명하게 인식론적 활동들로 간주된다는 것 ― 을 피상적으로 갖고 있는 듯이 보인다. 비록 전자와는 달리 후자가 신학과 철학을 무가치하게 간주하지 않는다는 것이 분명하다 하더라도, 그럼에도 불구하고 그들은 그 학문들을 사회적으로 중요한 것들로 허용하지 않는다.

만하임과 스탁이 논쟁적 이유들로 인해 지성적 지식을 매우 강조했다는 것은 가능한 일이다. 그들은 그들이 동의하지 않았던 지배적 이데올로기들을 거스르는 수단이 사회학 내에 있음을 보았다. 반면, 버거와 루크만은 이런 논쟁적 편향을 벗어나기를 소원했기 때문에 지성적 지식을 회피했다는 것 역시 가능한 일이다. 그럼에도 불구하고, 지식사회학에 대한 적절한 이해는 이런 입장들 중 어느 것과도 관련될

---

56) Gill, op. cit., chap.7.

필요가 없다. 이론상, 논쟁적 편향에 기초하거나 과대평가된 지성주의에 기초한 버거와 루크만의 이해 없이 하나의 특별한 연구에 대해 초점을 형성할 수 있었다는 것은 생각할 수 있는 일이다. 그리고 실제적으로, 내가 제4장과 제5장에서 주장하려고 하는 것으로, 신학은 때때로 사회적으로 중요할 수 있으며, 그 때문에 사회학적으로 흥미있는 것이다.

일상 지식의 중요성을 강조하면서도, 버거 자신은 물론 신학에 관심을 가진다. 『종교의 사회적 실재(The Social Reality of Religion)』라는 책의 주요 부록에서, 그는 심지어 신학의 사회적 결정요소들에 대한 연구의 가능성을 요약한다. 그래서 그는, 신학적 입장들이 어떤 사회 역사적 가정들을 조건으로 한다고 할 정도까지, 사회학이 신학자들에게 어떤 질문을 야기한다고 주장한다.[57] 그러나 그 부록에서 그는 신학이 또한 사회적으로 중요할 수 있다고 제안한다. 이 두 번째 가능성은 사회적으로 구성된 실재에 대한 버거와 루크만의 더 일반적인 이론으로부터만 추론될 수 있다. 다른 곳에서 버거는 이것을 가장 분명하게 표현한다.

> 사회와 세계 사이의 관계는 변증법적 관계인데, 왜냐하면…… 그것은 일방적인 인과관계라는 조건에서는 적절하게 이해될 수 없기 때문이다. 비록 사회적으로 구성된 것이라 하더라도, 세계는 그것이 발생한 사회구조들의 단순한 수동적 반영이 아니다. ……심지어 사회적 이해관계의 노골적인 해석으로서 시작할 수 있는 이론들조차도, 사람들은 이론들을 조작하며 그래서 이런 이론들이 그 자체로

---

57) Peter L. Berger, *The Social Reality of Religion*, Penguin, 1973, p.184.

사회 변화의 매개자가 된다는 사실을 발견한다.58)

이러한 관점에서 볼 때 종교 일반과 마찬가지로, 신학은59) 분명히 사회적으로 결정된 것으로 간주될 수 있다. 그러나 한번 구성되고 특히 한 번 '내면화되면', 그것은 사회적 '실재' 및 잠재적으로 사회적 중요성을 갖는 실재가 된다.

신학에 대한 상호작용주의적 접근

이러한 네 가지의 관련된 논지들에 비추어보면, 심지어 고려된 작업들의 간략한 분석에서조차도 지식사회학 내의 견해들 가운데 급진적 분리들이 있다는 것을 알 수 있다. 어떤 의미 있는 방식으로 이러한 분리들을 통합하거나 혹은 그것들이 동일한 사회학적 관점에 균등하게 기여하는 것으로 간주하는 것은 명백하게 불가능한 일이다. 그 대신, 만일 내가 지식사회학을 신학에 적용하려고 의도하는 방법에 대한 일관된 설명이 제시된다면, 상당한 분량의 선별과 재배치가 반드시 필요하다. 내 자신의 입장이 만하임에 대해 비판적인 지점을 가지고 있기도 하지만, 만하임의 입장과 가장 가깝다는 것이 명백해질 것이다.

모든 저자들이 동의하는 한 가지 요점, 그리고 신학에 적용되는 것으로서의 지식사회학의 생산적인 기초를 형성해야 하는 한 가지 요점

---

58) Peter L. Berger, 'Identity as a Problem in the Sociology of Knowlege,' in Curtis and Petras ed., op. cit., p.377.

59) Berger, *The Social Reality of Religion*, op. cit., p.34.

은 신학이 사회구조와 상호관련되어 있다는 점이다. 그래서 신학은 사회적으로 결정되며 주로 사회 내에 있는 요소들에 의존한다는 점은 이러한 연구에 공리로 작용한다. 비록 자신의 저술 내에 원래부터 신학적 논쟁점이 존재하고 있을 가능성에도 불구하고, 스탁조차도 이 점을 고집하고 있다. 신학을 연구함에 있어서 일반 사회학자처럼 지식사회학자는 '마치' 신학 내의 모든 것에 사회적 결정요소들이 있는 것처럼, 그리고 '마치' 사회적인 것이라는 관점에서 모든 것이 설명될 수 있는 것처럼 연구를 진행한다.[60] 이런 방법론적 원칙은 지식사회학을 신학에 적용하기 위한 필수적 요소(sine qua non)가 되는 것으로 보인다.

그러나 마르크스나 엥겔스와는 달리, 나는 이 논쟁이 신학적 모험을 무효로 만든다고 믿지는 않는다. 『독일 이데올로기』의 본질적으로 논쟁적인 기능에 대해서는 여기서 되풀이하지 않을 것이다. 오히려, 만하임과 그의 뒤를 잇는 대부분의 지식사회학자들과 함께, 나는 혹자가 반대하는 다른 이들의 견해들에서처럼 지식사회학을 동등하게 혹자 자신의 견해들에 적용하는 것이 지극히 중요하다고 믿는다. 만일 '이데올로기'라는 용어가 신학에서 사용되고 적용되어야 한다면, 신학은 만하임과 함께 '일반적(general)' 이데올로기로 정의할 수 있다. 그리고 확실히, 스탁이 제안하듯이, 신학은 '지식'과 구별되지 않는다.

만하임과 의견을 달리하는 나의 핵심 요점들 중 하나는, (자신의 이데올로기를 포함하여) 모든 형태의 이데올로기를 절대적인 것은 아닌 것으로서 드러내는 데 있어서, 지식사회학의 논쟁적 성격이 신학 내에서 매우 핵심적인 장소가 되어야 한다고 믿지는 않는다는 것이다.

---

60) Gill, op. cit., p.37 참조.

버거와 루크만이 상상한 것만큼 예리하게 인식론적 질문들로부터 사회학적 질문들을 분리할 수 없다. 그러나 동시에 인식론적 부산물들을 지식사회학의 존재 이유로서 취급하지 않고 신학에 적용할 때, 확실히 그러한 부산물들이 있음을 인식할 수 있다. 더욱이 일정 정도의 신학적 비하가 그런 연구로부터 나올 수 있지만, 만일 그것이 연구의 중요한 목표가 되도록 허용된다면, 그것은 너무 편향적일 수 있다.

일반적으로 본서는 (스탁이 설명하는 의미에서) 미시사회학에 관계된 것이 아니라 거시사회학에 관계된 것이다. 그러나 나는 이 두 영역 사이를 아주 예리하게 구별해야 할 적절한 사회학적 이유를 알지 못하며 또한 거시사회학만을 지식사회학을 위해 핵심적인 것으로 간주하는 것도 분명 아니다. 더욱이, 다음 장에서 나는 아우구스티누스(Augustinus)와 레이븐(Raven)이라는 두 명의 개별 신학자에게 영향을 끼친 사회적 결정요소들에 약간 관심을 기울일 것이다. 원칙적으로 이것은 일반적인 신학적 입장들을 시험하는 일만큼이나 중요한 연구를 형성할 수 있어야 한다. 더욱이 내가 지식사회학의 관점으로부터 신학에 대한 완전한 설명을 공급하려고 시도하지는 않는다는 것이 인정되어야 한다. 예를 들면, 나는 대체로 신학과의 관계에서 신학적 사회화와 교육의 다른 패턴들에 대한 분석이나 혹은 심지어 독특한 인간적 행동으로서 신학의 기원들에 대한 해석적 설명조차도 제공하지 않을 것이다. 일정 정도의 선별성은 필요불가결하다.

버거와 루크만과는 대조적으로, 나는 일상적 지식이 아니라 (의심할 여지 없이 일상적 지식만큼이나 중요한) 지성적 지식의 분야에 관여할 것이다. 이러한 집중은, 만하임 및 베버와 함께 공유하는바, 때때로 지성적 지식이 사회적으로 중요할 수 있으며, 지성적 개념들의 결과는 단순히 항상 지성인들에게만 제한되는 것은 아니라는 확신에서 비롯된다. 특히 신학과의 관계에서, 이 논쟁은 상호작용주의적 접근의 채택을 필요로 한다. 마르크스와 엥겔스 그리고 아마도 버거와 루크만은 신학을 결코 독립적 결정을 할 수 없는 하나의 종속변수로 간주할 것이다. 그러나 상호작용주의 관점으로부터, 신학이 때때로 종속변수와 독립변수 둘 다로 작용할 수 있는 가능성이 허용될 수 있다.

이 점이 중요하고, 아마도 오해를 받기 쉬운 것이다. 나는 이미 지식사회학이 방법론적으로, 신학이 사회적으로 결정된다는 견해를 갖고 있다고 제시했다. 이 견해가 엄격하게 사회학 분야에 남아 있기는 하겠지만, 신학의 어떤 특징들만이 사회적으로 결정되며 다른 특징들은 사회적으로 결정되지 않는다는 견해를 가진 사람들에게는 유쾌한 것일 수 없다. 내가 믿기에, 그것은 사회학적으로 큰 실수를 저지르는 것이다.61) 그럼에도 불구하고, 한번 특별한 신학적 입장이 하나의 사회적 실재가 되면(비록 사회적으로 결정된 실재라 하더라도), 그 입장이 사회 내에서 독립변수로 작용할 가능성이 선험적으로 배제될 수 없다. 더욱이 상호작용주의적 접근은 그런 입장이 동시에 결정되고 결정하는 것을 허용한다. 물론, 비록 그런 접근이 신학자가 가진 개념의 유효성에 대해 무엇을 말할 수 있다 하더라도, 그 개념들의 타당성에 관해서는 신학자들에게 거의 아무것도 말해주지 않는다. 때때로 독립변수로 작용하는 신학에 대한 이론은 '자율적인', '독립적인', 혹은 심지어 '하나님께로부터 주어진' 활동으로서의 신학에 대한 이론과 혼동되어서는 안 된다. 비록 다른 비사회학적 기초들 위에서 이런 것들이 고려될 수도 있겠지만 말이다.

---

61) ibid., p.27f.

마지막으로 만하임과 함께 나는 지식사회학을 신학에 적용하는 것이 철저히 엄격해야 한다는 것을 강조하고자 한다. 나는 신학의 사회적 결정요소들과 신학의 사회적 중요성을 분석하기 위한 다른 시도들에 대해 특히 제2장과 제4장에서 비판할 것이다. 그런 시도들이 조직적이라기보다는 과거에 특별한 목적을 위하는 경향이 있었다는 사실뿐만 아니라, 그 시도들이 때때로 너무나 사색적이고 어떤 사회학적 준비가 부족했음을 비판할 것이다. 자연히, 흔히 역사신학과 관계된 연구들에서 양적 통계적 상호관련성을 요구하는 것은 부적절한 것일 수 있지만, 사회구조적 분석이 주의 깊게, 잘 준비되어 수행되는 것이 중요하다. 현대 신학의 경우, 그것에 대한 적절한 분석은 검증 가능한 가설들을 산출할 수 있어야 한다. 만일 사회학적 엄격성이 과거에 행해진 신학에 대한 설명들의 특징이 아니었다 하더라도, 그 엄격성은 앞으로 행해질 신학의 설명들에서는 특징이 될 수 있다.

제 2 장

신학의 사회적 결정요소들

신학의 사회학적 탐구와 관련된 대부분의 다른 측면들처럼, 신학의 사회적 결정요소들에 대한 연구는 흥미롭게도 종교사회학자들과 지식사회학자들 모두에게 무시되어왔다. 이런 풍부한 연구 영역을 탐구하는 것이 바로 본 장과 다음 장의 목적이다. 이 일은 먼저 기존의 몇몇 특별한 연구들을 비판적으로 분석하고 그 다음에 본 장의 후반부와 그 다음 장에서 신선한 방법들을 제공함으로서 이루어질 것이다.

앞 장에서 결론적으로 언급한 것에 비추어보면, 신학을 사회 내에서 단지 하나의 종속변수에 불과한 것으로 취급하기 때문에, 신학의 사회적·결정요소들에 관한 연구는 불균형한 기획으로 나타난다는 것이 인정되어야 한다. 내가 이미 변호했던 상호작용주의 관점은 신학이 때때로 종속변수와 독립변수 둘 모두로, 결정되거나 결정하는 것으로 번갈아 작용할 수 있는 가능성을 진지하게 취하도록 지식사회학자에게 요구한다. 단지 이런 가능성들 가운데 하나만을 검토하는 것은 이런 상호작용주의적 관점을 분명히 왜곡하는 것이다.

확실히 선구적인 사회과학자들 가운데 어떤 이들은 특히 신학과 구별되는 것으로 일반 종교가 이런 두 가지 기능을 가질 수 있다는 개넘을 받아들였다. 마르크스, 프로이트, 뒤르켐, 베버, 제임스, 니버 및 말리노브스키(B. Malinowski)에 대한 비평에서, 종교사회학자 글락(Glock)과 헤몬드(Hammond)는 "종교가 독립변수와 종속변수 둘 다로 취급되었다. ……종교의 형태와 내용에서의 변화들은 보이지 않는 그리고 볼 수 없는 초자연적 힘들로서가 아니라 관찰할 수 있는 자연적인 것의 결과로 이해되기에 이르렀지만, 또한 종교는 인격을 형성하는 데 도움을 주며 사회 기관 형태들을 창조하고 강화하거나 도전하는 데 도움을 주는 독립변수로 인식되기에 이르렀다"고 이야기한다.[62] 물론 그들은 종교의 이러한 두 가지 기능의 균형에 대해 상당히 다양한 관점을 가지고 있었다. 예를 들어, 베버와 제임스보다는 마르크스와 프로이트가 종교를 더욱 종속변수로 취급했다. 그럼에도 불구하고, 상호작용주의적 접근은 어느 정도 이들 모두에게서 나타난다.[63]

나는 모든 선구적인 사회과학자들 가운데서 종교적 신념들, 심지어 신학적 개념들이 사회적으로 중요하다는 가능성을 가장 진지하게 고려한 학자가 베버였다는 사실을 제4장에서 주장할 것이다.[64] 확실히 베버와 비교해보면, 뒤르켐[65]은 그러한 신념들을 대부분 종속변수들로 취급하는 경향이 있었다. 『종교생활의 원초적 형태(The Elementary

---

62) Charles Y. Glock and Phillip E. Hammond ed., *Beyond the Classics: Essays in the Scientific Study of Religion*, Harper & Row, 1973, p.xiii.

63) Ernest Krausz, 'Religion as a Key Variable,' in ed. Elizabeth Gittus, *Key Variables in Social Research*, Vol. 1, Heinemann, 1972, Kevin Clements, 'The Religious Variable,' Miclael Hill, *A Sociological Yearbook of Religion in Britain*, SCM, 1971 참조.

64) Talctt Parsons, 'Introduction' to Max Weber, *The Sociology of Religion*, Methuen, 1965 참조.

65) W. S. F. Pickering, *Durkheim on Religion*, Routledge & Kegan Paul, 1975를 보라.

Forms of the Religious Life)』에서, 종교적 신념들은 사회적 통합을 위한 인간의 욕구에 대해 부차적인 역할을 감당하며, 기껏해야 특별히 분화되지 않는 사회들의 현상을 유지하면서 보수적 매개자들로 작용하는 것으로 다루어진다.66) 그 신념들은 베버에게서처럼 결코 사회적 변화를 가능하게 하는 매개체로 작용할 수 없었다. 심지어 『자살론(Suicide)』에서조차도, 가톨릭교인들, 개신교인들 및 유대교인들의 매우 다른 자살률에 대한 그의 관찰에도 불구하고, 뒤르켐은 독립변수로서의 종교적 신념에 대해 거의 중요성을 부여하지 않았다. 그는 특히 자살률이 서로 다른 것이 하나님, 내세 혹은 천벌에 대한 신념들이 다르기 때문이라는 생각을 부정했다. 개신교인들 가운데 상당히 높은 자살률은 "개신교인이 가톨릭교인과 다름없이 하나님과 영혼불멸을 믿기" 때문에 이런 요소들의 탓으로 돌릴 수 없다.67) 그래서 "종교의 선행적 영향은…… 종교적 개념들의 특별한 성격 때문이 아니다." 그 대신, "만일 종교가 자기 파멸을 향한 열망에 반하여 사람을 보호한다면, 그것은 종교가 독자적인(sui generis) 주장들로써 사람에게 자신의 인격에 대한 존중을 선포하기 때문이 아니라, 종교가 하나의 사회이기 때문이다."68) 더 자세히 말하면, 그것은 그들 각각의 자살률에 책임이 있는 로마 가톨릭의 비교적 획일적인 성격과 개신교의 '부족한 일관성' 때문이다. 개신교에서는 도그마의 파괴 및 공동의 신념들과 실천들이 부족함으로 말미암아 사회적 통합이 부족하고 자살로 향하는 필연적 성향이 나타난다는 것이다. 『자살론』에서 종교적 신념

---

66) Emile Durkheim, *The Elementary Forms of the Religious Life*, George Allen & Unwin, 1976.

67) Emile Durkheim, *Suicide*, Routledge & Kegan Paul, 1970, p.170.

68) ibid.

의 기능이 『종교생활의 원초적 형태』에서의 그 기능과 비슷하다는 것은 분명하다. 종교적 신념은 보수적 매개자로서만 그리고 그것이 기존 사회를 유지하는 데 봉사하는 한에 있어서만 사회적으로 의미가 있다.

이들 두 선구적인 사회학자들 사이에는 실제적 차이점들이 존재하지만, 여전히 그들과 다른 이들이 어느 정도 종교에 대한 상호작용주의 접근을 채택했다고 주장할 수 있다. 확실히, 종교 현상들에 관련된 사회학자들의 많은 연구들은 그들이 종교 자체를 사회 내에서 하나의 핵심적 요소로 간주했다는 것을 제안한다. 그들이 사적으로는 종교를 얼마간 거짓으로 생각했다 하더라도 말이다. 그러나 그들 중 신학을 고려할 만한 가치가 있는 것으로 생각한 사람은 매우 드물다.

그런 상호작용주의적 관점들에 반대되는 것으로서, 신학의 사회적 결정요소들에 대한 분리된 취급은 완전히 한쪽으로 치우친 것으로 나타나야 한다. 그러나 제4장과 제5장에서 그것은 신학의 사회적 중요성에 대한 비슷한 분리된 연구에 의해 균형을 맞추게 될 것이다. 더욱이, 이런 종류의 분리된 관심은 사회학자들과 신학자들 모두에게 어떤 독특한 이점들을 수반한다고 주장할 만하다. 만일 그것 외에 아무것도 아니라면, 그것은 이런 두 가지 초점들로부터 생기는 사회학자들과 신학자들 각자의 학문 분야에 대한 특별한 적절성의 요점들을 명료화하도록 그들을 도울 수 있다.

특히 자신의 개념들이 반대자들의 개념들처럼 점검을 받지 않으면 안 된다는 사실을 발견할 때, 신학자는 처음에는 신학의 사회적 결정 요소들을 연구하는 일의 중요성을 인정하기를 꺼려 할 수 있다. 최소한 두 개의 제약 요소들로 인해 이런 거리낌은 더욱 악화될 수 있다. 한편으로 신학자는 그런 연구가 낳을 것으로 보이는 신학적 상대주의를 두려워할 수 있고,[69] 다른 한편으로 그는 그 연구가 분명하게 기초로 삼고 있는 사회결정론을 의심할 수 있다.[70] 내가 이미 주장했던 것처럼, 이런 두려움은 개념들의 근원들과 타당성 사이의 혼란에 기초해 있을 수 있으며, 그 의심은 존재론적 사회결정론과 함께 방법론적 사회결정론의 거짓 정당화 위에 기초해 있을 수 있다. 더욱이, 심지어 채택된 이 두 번째 형태의 결정론의 결과에서조차도, 신학자는 "인간이 궁극적 의미들을 실재 속으로 투사하는데 그것은 그 실재가 더욱이 궁극적으로 의미 있는 것이기 때문이며, (이러한 투사의 경험적 기초인) 자기 자신의 존재가 이와 같은 궁극적 의미들을 포함하고 의도하기 때문"이라는 버거의 신학적 제안을 추구할 수 있다.[71]

세계관들을 건설하기 위한 인간 시도의 한 가지 특징으로서 신학은 그렇지 않으면 신학의 내용에 거의 관심이 없을 수 있는 사회학자들에게 직접적인 적절성을 제공한다. 사회학적으로, 신학은 사회적으로 결정된 지성적 사상의 중요한 실례들을 공급한다. 더욱이 신학은 종교사회학자들에게 종교성의 '내부-층들'(inner-layers)의 무언가를 드러낼 수 있다.[72] 신학의 사회적 결정요소들에 대한 분석은 사회학적 신학적 함의를 수반한다.

---

69) Peter L Berger, *A Rumour of Angels*, Pelican, 1969 참조.

70) 예를 들어 Waldo Beach, *Christian Community and American Society*, Westminster, Philadelphia, 1969, John Bowker, *The Sense of God*, OUP, 1973, Robin Gill, *The Social Context of Theology*, Mowbrays, 1975, chap.3 참조.

71) Peter L. Berger, *The Social Reality of Religion*, Penguin, 1973, p.183.

72) Roland Robertson and Colin Campbell, 'Religion in Britain: the Need for New Research Strategies,' *Social Compass*, XIX/2, 1972, and Gary D. Bouma, 'Recept "Protestant Ethic" Research,' *Journal for the Scientific Study of Religion*, Vol. 21, No. 2 1973 참조.

개별 신학자들의 사회적 결정요소들

개별 신학자들의 사회적 결정요소들에 관한 가장 분명한 연구 자료
는 그들의 전기(biographies)이다. 민감한 전기 작가는 그의 주제의 사
회적 맥락과, 학문적 주제의 경우에는 그의 개념들의 사회적 근원들
을 지적해야 한다. 그러나 필연적으로 전기 작가들은 사회학에 대한
지식 수준이 다 다르다. 다른 전기 작가들이 비교적 사회과학에 대해
무지한 반면, 성 아우구스티누스의 전기 작가인 피터 브라운(Peter
Brown)73) 같은 몇몇 전기 작가들은 사회과학에 대한 이해를 갖추기
위해 상당한 노력을 기울였다. 그럼에도 불구하고, 내가 곧 소개할 성
공회 신학자인 찰스 레이븐(Charles Raven)의 전기처럼 사회학적 지향
이 아닌 전기들조차도 신학의 사회적 결정요소들에 관심이 있는 이들
을 위해 중요한 연구 데이터를 제공할 수 있다.74)

피터 브라운은 불운에 대한 아우구스티누스의 반응과 리바니우스
(Libanius)의 반응을 비교할 때, 개별 신학자의 사회적 결정요소들에
대한 연구의 훌륭한 본보기를 제공한다.

> 그러나 혹자가 파악해야 하는 것은, 마법사들이 내게 행한 (마법) 약
> 들과 주문들 및 공격들의 징조인 어떤 꿈에 반응하도록, 아우구스티
> 누스와 거의 동시대 사람인 리바니우스 같은 사람을 이끌었던 깊은
> 원인들이다. 꿈들의 공포에 대해 아우구스티누스는 다음과 같이 말
> 할 것이다. 꿈들의 공포는 "아담 안에 있는 우리의 최초의 근원으로

---

73) Peter Brown, *Augustine of Hippo*, Faber & Faber, 1967.

74) F. W. Dillistone, *Charles Raven: Naturalist, Historian and Theologian*, Hodder &
Stoughton, 1975를 보라.

부터 인류가 처벌받기로 운명 지어져 있다는 것을 분명하게 보여준다."[75]

브라운은 로마 국가 내에서 전통 종교들의 감소 및 '반(半)그리스도인들(semi-christians)'의 권력이 커감으로 인해 주후 4세기 당시에 마법이 증가하고 있었다고 제안하는 전통적 설명을 거부한다. 그런 설명들을 고려한다면, 아우구스티누스가 개종 이후에 그런 설명들과 논쟁하는 데 열심을 내어야 하는 반면, 리바니우스는 과거의 설명 방식들을 고수해야 하는 것이 이치에 맞는 듯이 보인다. 그러나 브라운에게는 특별히 두 요소들이 앞뒤가 안 맞는 것으로 충돌한다. 첫째, 그는 이 기간 동안에 마법의 실행이나 마법의 두려움이 실제적으로 증가했다는 주장이 분명하지 않다고 생각한다. 둘째, 그런 설명은 불운에 대한 아우구스티누스의 반응이 모든 것을 포괄한다는 사실을 설명하지 못한다.

첫째 요소와 관련하여, 브라운은 "후기 로마사회에 변화와 안정 사이의 충돌 문제가 들끓었으며", 그 결과 "우리는 마법의 고발을 장려하기 위해 그리고 마법에의 의존을 허락하는 범위를 제공하기 위해 준수되었던 어떤 상황을 알게 된다"[76]고 주장한다. 리바니우스가 사라져가는 질서에 집착하고 있었던 것이 아니라, 오히려 안정적인 질서에 반응하고 있었던 것이다. 그에게 마법은 부조화가 없었더라면 고정되어 있었을 질서에서의 부조화를 설명할 수 있었다. 인간의 정체성은 너무나 정적인 것이어서 발생하고 있는 부조화는 마법과 관련

---

75) Peter Brown, *Religion and Society in the Age of Saint Augustine*, Raber & Faber, 1972, p.133.

76) ibid., pp.123-124.

된 설명을 필요로 한다. 이런 마법 이해는 '불운의 상황들의 한 기능'
으로서의 마법에 대한 에반스-프리차드(Evans-Pritchard)의 개념에 더
크게 빚지고 있다는 사실이 언급되어야 한다.77)

다른 한편, 브라운은 아우구스티누스가 자신의 후기 저술들에서 모
든 불운―"더욱이, 불운은 노인이 행하는 구슬픈 묵상의 대상으로서
자발적 죄를 능가했다"―을 포함하는 아담의 죄로 인한 인류의 처벌
이라는 자신의 교리를 확장시켰다고 주장한다.78) 개인적으로 매우 불
안정한 사회적 맥락에서 살고 있었던 아우구스티누스는 인간의 정체
성은 고정된 것과는 거리가 먼 것이며 인간의 불일치(discrepancy)가
표준이라고 생각했다. 더욱이 주후 3세기와 4세기 동안에 기독교 공
동체는 대체로 농촌에서 온 불안정한 농민들―그들 스스로 아우구
스티누스가 느꼈던 불일치감을 제공했는데―로부터 그 구성원이 보
충되는 경향이 있었다.

그래서 전반적으로 불운에 대한 아우구스티누스의 반응과 리바니
우스의 반응 사이의 차이를 형성했던 것은 바로 단순히 신학적 관념
들이 아니었다. 혹은 리바니우스의 반응의 점진적인 소멸을 불러일으
킨 것도 단순히 신학적 관념들이 아니었다. 사회적 맥락이 결정적이
었다.

그러므로 4세기와 5세기에, 마법사들에 대한 비난을 격려하고 공공
행위에서의 불일치를 가장 큰 불운으로 생각하는 안정적이고 방향
이 잘 설정된 세계에서의 확립된 정체성에 대한 감각은 사회적 환

---

77) E. Evans-Pritchard, *Witchcraft, Oracles and Magic Among the Anzande*, Clarendon Press,
1937, p.63f.
78) Brown, op. cit., p.132.

경 및 기독교적 견해를 가진 지도자들과 연계된 종교적 개념들 모
두에서 훼손되고 있었다.[79]

이용 가능한 역사적 증거라는 관점에서 그 장점들이 무엇이든지 간
에, 브라운의 분석은 개별 신학자의 사회적 결정요소들에 관한 연구
와 관련된 아주 매력적인 모델을 사회학자에게 제공한다. 그리고 그
과정에서 사회적 현상으로서의 마법 이해에 중요한 공헌을 한다.

신학적 입장들의 사회적 결정요소들

일반적으로 신학적 입장들의 사회적 결정요소들에 대한 특별한 연
구들은 다음과 같은 세 개의 주요 그룹들로 나누어질 수 있다. 사회
문화적 연구들, 사회정치적 연구들, 사회교회론적 연구들. 물론 이 연
구들은 상호간에 배타적이지 않으며 특별한 신학적 입장들을 고려했
던 사회학자들은 흔히 한 가지 이상의 접근법을 사용했다. 그럼에도
불구하고, 그 연구들은 세 개의 독특한 그룹들을 대표하며 각 그룹의
실례들은 종교사회학으로부터 주어질 수 있다.

1960년대에 일어난 세속화라는 추측된 과정에 대해 신학자들이 반
응했던 방법에 관한 다수의 연구들은 첫째 그룹의 좋은 보기 — 예를
들면, 신학적 입장들의 사회적 결정요소들에 대한 사회문화적 연구들
— 를 공급한다. 나는 다른 책에서 세속화 모델이 1960년대의 신학에
상당 부분 중요한 역할을 감당했으며, 세속화의 실제적 과정이 실로

---

79) ibid., p.135.

존재했든 존재하지 않았든 간에, 그런 신학자들에 의해 존재한다고
여겨졌고 그 결과 그들에게 매우 실제적인 영향을 끼쳤다고 주장했
다.[80]

브라이언 윌슨(Bryan Wilson)은 그 시기 동안에 신학이 세속화에 의
해 급진적인 영향을 받았다고 주장했다. 가장 명백하게, 세속화는 자
신의 과제를 행함에 있어서 신학자들의 자신감을 훼손시켰다.

> 현대 지식의 확장에 따른 한 가지 결과는 신학적 연구에 현대 지식
> 의 영향력이 커졌다는 것이었다. 신학자들은 보통 그런 학문 분야들
> 의 전문가가 아니었기에, 신학자들은 신학 분야가 외부의 영향들 —
> 아마도 고고학, 비교종교학, 인류학, 심리학 및 사회학이 가장 적절
> 한 것들이라 할 수 있다 — 에 대해 얼마나 취약한지를 인식했다.[81]

이러한 자신감 결핍으로 인해, 신학자들은 그 대안으로 점점 더 에
큐메니즘을 생각하게 되었다. "기독교가 비신화화되었고 하나님에 대
한 전통적 개념들이 교회의 주교들에 의해 급진적으로 도전 받았던
시대에, 에큐메니즘은 하나의 새로운 신앙 — 믿을 만한 그 무엇 — 이
된다."[82] 또 다른 반응으로, 신학자들은 어떤 배타적 종파주의 형태로
돌아선다.

그래서 윌슨은 "종교적 사고, 실천 및 기관들이 사회적 중요성을 상
실하는"[83] 서구 내에서의 명백한 세속화 과정이 현대 신학을 급진적

---

80) Gill, op. cit., chap.6.

81) Bryan Wilson, *Religion in Secular Society*, Pelican, 1969, p.97.

82) ibid., p.151.

83) ibid., p.14, 또한 Bryan Wilson, *Contemporary Transformations of Religion*, OUP, 1976

으로 변화시킨다고 믿는다. 이것은 피터 버거에 의해 더 조직적으로 공유되고 수행된 관점이다. 그는 칼 바르트(Karl Barth)의 영감 하에 있는 신정통주의의 출현과 지배가 세속화의 전 과정에서 단지 잠정적 중단 효과만을 (그 자체로 두 번에 걸친 세계대전에서 명백한 사회적 결정요소들을 가지면서) 가져왔다고 본다. 잠정적 중단과 구별되는 것으로서, 진정한 추이는 슐라이어마허(Schleiermacher)와 하르낙(Harnack)의 구자유주의 신학(the old liberal theology)과 존 로빈슨(John Robinson)과 하비 콕스(Harvey Cox)의 신자유주의(the neo-liberalism)로 대표된다.

그래서 자유주의가 단념했던 곳에서 '신자유주의'라고 명명될 수 있는 것이 현대적으로 분출되었고, 개입된 기간 때문에 상당히 더 '급진적인' 방법들로 그렇게 되었다. 그래서 또한 신자유주의는 다원주의적 상황이 점점 더 세계적으로 확산되고 고착되는 것뿐만 아니라 세속화가 더욱더 강력하게 침투한 탓으로 돌릴 수 있다.84)

적어도 최근까지는 윌슨과 버거 둘 다 철저한 세속화 모델의 주창자들이었다. 그러나 심지어 그 모델에 대한 평소의 비판들조차도85) 1960년대(여전히 오늘날도 그렇지만)에 많은 신학자들이 특히 그 세속화 모델에 의해 영향을 받았다는 사실을 수용하는 듯이 보인다. 결국, 이 모델은 매우 설득력이 있으며 주기적으로 되풀이되는 모델이

를 보라..

84) Peter L. Berger, *The Social Reality of Religion*, op. cit., p.168.

85) 예를 들어 David Martin, *The Religious and the Secular*, Routledge & Kegan Paul, 1969. 또한 A. G. B. Woollard, *Progress: A Christian Doctrine?*, SPCK, 1972, chap.3 을 보라.

되었다.

신학적 입장들의 사회적 결정요소들에 대한 사회 정치적 연구들은 유신론적 신념들을 정치 구조들과 연결시키려는 스완슨(G. E. Swanson)의 철저한 시도에서부터 다른 이들의 더 특별한 관찰들의 범위에까지 이른다. 그러나 그런 연구들은 신학에 대한 사회학적 연구 내에서 중요한 요소를 나타낸다. 스완슨은[86] 어떤 유신론적 신념 형태들과 어떤 정치 구조 형태들 사이의 특별한 상호관계성을 증명하기를 시도한다. 물론, 베버는 이미 "중국에서 세계제국의 성장, 인도에서 모든 다양한 정치적 형태들 전체에 걸쳐서 브라만 카스트(Bramin caste)의 권력 확장, 그리고 페르시아 제국과 로마 제국의 발전이 보편주의와 단일신론의 부흥을 촉진시켰다"[87]고 제안했다. 더욱이 뒤르켐은 이미 종교의 기원 및 기능과 인간의 사교성(sociability) 사이의 직접적 연결을 주장했다. 그에 따라, 스완슨은 일신론적 신념이 항상 세 개 혹은 그 이상의 주권적 그룹들의 위계구조를 내포하는 사회들에서 발견된다는 특별한 논지를 폈다.

심지어 스완슨의 논지 전반에 대해 매우 비판적인 사람들조차도 그가 중요한 사회적 결정요소들을 제안할 수 있었던 경우들에 대해 인정하는 것을 주목하는 것은 흥미로운 일이다. 그래서 그의 일반적 논지와 의견을 달리하는 보우커(Bowker)는 이 영향에 대해 이렇게 고백한다.

심지어 그것이 유효할 때조차도 그 증거가 모호하고 가설과 모순되기 때문에, 그 자체로 사회적인 것에 덧붙여 실재에 대한 인간의 감

---

86) G. E. Swanson, *The Birth of the Gods*, University of Michigan, 1960.

87) Max Weber, *The Sociology of Religion*, Methuen, 1965, p.1960.

각의 구성에 의미의 출처들이 있다는 것이 그 증거에 대한 바른 해석일 가능성은 매우 높다. 이 점은 스완슨이 말하는 특별한 개념화들과 특별한 사회적 구조적 실재들 사이의 상호관계성을 조금도 무효화시키지 않는다. 그것이 제안하는 바는 스완슨이 분석하고 있는 것이 하나님에 대한 이해의 기원이 아니라, 하나님에 대해 이해하는 몇몇 방식들, 바로 애초에 다른 의미의 출처들로부터 유래될 수 있는 방식들이 상상력 있게 표현된다는 것이다.[88]

보우커의 논점은 중요하다. 그리고 아마 그가 상상하는 것보다 더 급진적이다. 종교적 신념들의 사회적 기원들을 알아보려는 시도인 『신들의 탄생(The Birth of the Gods)』은 『종교생활의 원초적 형태』보다 더 성공적이지 못한 것일 수 있다. 결국, 이러한 기원을 밝혀내기를 원하는 모든 이들이 직면하는 결정적인 방법론적 어려움들이 있다. 그러나 신학적 입장들의 사회적 결정요소들에 관한 연구로서, 그것은 가치가 있을 수 있다. 그것은 더 이상 문자 이전의 종교적 신념들에 제한될 필요가 없고, '종교적 신념들에 관한 기록된 설명'으로 이해되는 신학을 포함하는 데까지 확대될 수 있다.

두 번째 실례는 종교적 신념들의 기원보다 현대 신학에 더 관심이 있는 사회학자로부터 취해질 수 있다. 현대 신학에 대한 연구에서, 롤란드 로버트슨(Roland Robertson)은 "지성인들이 추구하는 구원은 항상 내적 욕구에 기초되어 있고 그러므로 그것은 곧 삶에서부터 동떨어져 있으며, 더 이론적이고, 더 조직적이다. 비특권계층에 속한 사람들이 추구하는 과제인 외적인 곤경으로부터의 구원 이상의 것을 지성

---

88) John Bowker, *The Sense of God*, OUP, 1973, p.23.

인들은 추구한다"[89]는 베버의 논지와 의견을 달리한다. 1960년대의 '사신(死神, Death of God)'신학은 이와는 정반대의 경향을 보여주었다. 그 신학은 '시민종교'에 대한 사회학적 연구들과는 거의 분간할 수 없이 철저하게 세속적인 방향성을 띤다. 로버트슨은 이런 상황을 설명하기 위해, 지성주의가 20세기 중반에 더욱 널리 확산되는 현상이 되었다고 주장한다. 특히, "제도적 종교적 영역에서, 신학자들은 교육적 경험과 일반적, 사회문화적 경험에 점점 더 광범위하게 노출되어왔다. ……또한 그들은 국제적으로 주목받는 비종교적 지성인들의, 활동이 많은 여러 그룹들을 대면해왔다."[90]

브라이언 윌슨이 소위 '사신'신학을 그 자체로 세속화 과정이 표명된 것으로 설명하는 경향이 있는 반면, 로버트슨은 신학자들과 타종교인 또는 비종교인들과의 잦은 접촉이라는 관점에서 사회구조적 설명을 좀더 선호하는 듯 보인다. 자연히 이것은 총체적인 설명을 제공하지 않는데, 그 이유는 어떤 특정한 신학자들이 일정한 형태의 종파주의적 입장에서 종교다원주의에 반응할 수 있거나 반응하기 때문이다. 종교적 '고립 공동체(enclave)'는 20세기의 '종교적 인간(homo religiosus)'을 위한 가능성으로 남아 있다.[91] 그럼에도 불구하고 그것은 '기독교적 무신론'이라는, 사회학적으로 특별한 현상을 부분적으로 설명할 수 있다.

마지막으로, 신학의 사회적 결정요소들에 대한 사회-교회론적 연구들은 항상 현대적 교회/종파 유형론에서 발전하는 연구들로부터 나타

---

89) Weber, op. cit., p.207.

90) Robertson, op. cit., p.207.

91) David Martin, 'The Secularisation Question,' *Theology*, Vol. LXXVI, No. 630, Feb. 1973, p.86 참조.

나는 경향이 있었다. 역사상 일정 기간의 교회 구조들과 교회들의 신학적 함의를 분석하기 위한 트뢸치와 스탁의 '거대한' 시도들은 자연히 사회학자들에게 이런 특별한 접근의 수많은 실례들을 제공한다. 특히, 트뢸치는 현대의 교회/종파 유형론을 위한 독창적 기초를 제공했다. 비록 오늘날 극소수만이 그의 분석을 면밀하게 따르고, 심지어 더 적은 수의 사람들이 그의 저작의 근본적인 신학적 원리를 인식한다 할지라도 말이다.[92] 그러나 교회와 종파 사이의 많은 신학적 차이점들에 대한 묘사에서, 그의 저술은 매우 유익한 것으로 남아 있다.

그러나 종파적 신학의 특징들 중 몇몇에 대해 가장 완전하게 증명하고 분석한, 종파 연구는 브라이언 윌슨의 저술이다. 그는 자신이 주장하는바 하나의 종파와 다른 종파 사이의 현행의 일곱 가지 차이점을 구체적인 신학적이고 교리적인 기초로 분류하는 것을 거부하며, 그 대신 '세상에 대한 종파의 반응'을 핵심적 기준으로 채택한다.[93] 그러나 그 과정에서, 그는 특별한 종파 신학의 사회적 결정요소들을 더 잘 노출할 수 있다. 더욱이, 엘림파(the Elim), 그리스도의 형제단(Christadelphians) 및 크리스천사이언스 신자들(Christian Scientists)에 관한 그의 초기 저술[94]은 종교적 사회화 과정에 대한 어떤 사항들을 밝혀냈는데, 소수종파들은 그러한 사회화를 수단으로 하여 사회 내에서 대체로 받아들이기 어려운 개념들을 유지했다. 의심할 여지 없이, 교회/종파 유형론은 사회학자들이 차별점들을 찾기 위해 사용하는 다양한 기준들로부터 발생하는 중요한 문제들에 직면한다. 그 결과, 어떤

---

92) Scharf, op. cit.를 보라.

93) Bryan Wilson, 'A Typology of Sects,' in Roland Robertson ed., *Sociology of Religion*, Penguin, 1969, p.363.

94) Bryan Wilson, *Sects and Society*, Heinemann, 1955.

종교사회학자들은 종교문화, 상징들 및 개념들에 대한 연구를 선호하며, 교회/종파 유형들에 대한 연구를 단념했다.95) 그럼에도 불구하고, 교회/종파 유형들에 대한 연구는 여전히 다른 어떤 것만큼이나 크게 교회 구조들에 빚지고 있을 수 있다.

전쟁에 대한 신학적 반응들

신학의 사회적 결정요소들에 대한 기존 연구들의 특별한 성격은 이 간략하고 선별적인 분석에서도 뚜렷이 나타난다. 더욱이 다른 이들이 이 결정요소들을 과거에 논의하긴 했지만, 조직적인 방식으로 그렇게 한 경우는 거의 드물다. 기껏해야 그들은 힌트를 제공했지, 분석을 위한 엄격하거나 철저한 틀을 제공해주지는 않는다.

그 결과, 지식사회학의 관점에서 신학에 대한 공식적 분석에서의 매 단계는 사례 연구들의 엄격한 사용을 통하여 그 정당성을 증명해야 한다는 점이 중요하다. 나는 전쟁에 대한 신학적 반응들이라는 주제가 분석가에게 특히 결실이 있는 재료를 제공한다고 믿는다. 아마도 비록 많은 종교적 신념체계들에 핵심적인 것은 아니겠지만, 전쟁의 윤리적 이슈에 대한 반응들은 그런 신념의 중요한 결과를 포함한다. 실행하는 한에서, 그리고 말로서가 아니라 기록되는 한에서, 그 반응들은 분명히 내가 신학에 대해 내리는 정의에 부합한다. 더욱이 전쟁이라는 윤리학적 이슈가 제기하는 신학적 문제들은 아우구스티누스와 레이븐을 포함하여 다수의 개별 신학자들로부터 상당한 관심

---

95) 예를 들어 Susan Budd, *Sociologists and Religion*, Collier-Macmillan, 1973, p.vii을 보라.

을 받아왔다.

기독교 내에서 전쟁과 평화에 대한 신학적 태도들의 가장 피상적인 고찰은—확실히 사회학자의 관심을 끌 만한 불일치인—이상한 불일치를 드러낸다. 교회사의 한 전문가는 두 개의 역사적 주장들이라는 관점에서 이런 불일치를 묘사한다. 첫째는 "박해 시대에서부터 콘스탄티누스(Constantinus)의 시대까지는 어떤 기독교 저자도 그리스도인의 전쟁 참여를 승인하지 않았을 정도로 평화주의의 시대였다"는 것이다.96) 둘째는 "콘스탄티누스의 즉위는 교회사에서 평화주의의 시대를 종결시켰다"는 것이다.97) 베인튼(Bainton)은 이런 대조가 매우 예리하게 만들어진 것일 수 있다고 지적한다. 초대교회의 평화주의는 테르툴리아누스(Tertullian)의 절대주의(absolutism)로부터 오리게네스(Origen)의 실용주의(pragmatism)에까지 이르며, 최소한 2세기 말부터 그리스도인이면서 군인으로 알려진 자들이 있었다. 더욱이 콘스탄티누스에 의해 영향을 받아 이루어진 변화는 완성되기까지 약 20여 년이 걸렸으며, 그동안에 점점 더 많은 그리스도인들이 군대에 입대해서 십자가 상징물 아래에서 싸웠다. 그럼에도 불구하고, 설명을 필요로 하는 명백한 불일치가 존재한다. 처음에 성 암브로시우스(St. Ambrosius), 그리고 나중에 성 아우구스티누스는 신약의 자료가 아니라 주로 고전적 자료를 차용해서 초대 신학자들에게는 불가능했던 방법으로 그리스도인들을 위한 정당 전쟁론을 자세히 서술했다.

콘스탄티누스 대제 이전의 교회 상황은, 어떠한 주류 기독교 교회

---

96) Roland H. Bainton, *Christian Attitudes Toward War and Peace*, Abingdon, 1960, p.66.

97) ibid., p.85. Peter Brock, *Pacifism in Europe to 1914*, Princeton University Press, 1972, Geoffrey Nuttall, *Christian Pacifism in History*, World Without War, 1958 참조.

나 교파도 콘스탄티누스 이후로는 일관적인 평화주의자가 되지 않았다는 사실을 인식할 때, 더욱 주목할 만한 것이 된다. 더욱이 기독교 평화주의는 주로 퀘이커교, 재세례파, 메노나이트, 형제단 및 여호와의 증인 같은 작은 종파 그룹들에 제한되었다. 더욱이, 종파들로서가 아니라, 교회들 내에 있는 자들로서 평화주의자들은 전쟁 때에 동료 그리스도인들에 의해 관대하게 여겨진 적이 거의 없다.

1930년대에 레이븐의 평화주의를 저명한 교인들이 수용한 것은 이 맥락에서 매우 교훈적이다. 레이븐 자신은 1914년에 세 번 입대하려고 시도했는데, 매번 건강 문제로 거절되었으며, 결국 플란더스 전투에서 군목이 되었다. 비록 그가 기독교 평화주의를 옹호하는 몇 권의 책을 썼고 한 권은 그 이후에 썼지만, 그는 1930년에 철저한 평화주의자가 되었다.[98] 그러나 그는 "내가 공포심 없이 전쟁을 보아왔고 인류에 대한 전쟁의 호소를 이해하고 공유할 수 있다"는 사실을 여전히 쓸 수 있었다.[99] 더욱이 그는 몇몇 자신의 동료 평화주의자들의 태도를 전적으로 싫어했다.

솔직히 말해, 평화를 사랑하는 몇몇 친구들의 말을 들을 때, 그들의 주장들은 내게 본능적인 적대감을 일깨웠다. 죽음에 대한 그들의 공포심, 전쟁 묘사에 대한 그들의 거짓말, 자기 종교가 전쟁을 미화하는 상황 속에 있는 인간 존재를 인식하지 못하는 실패, 두려움과 혐오에의 호소에 저항하지 못하는 그들의 무능력, 이들은 마치 사단이 사단을 쫓아낼 수 있는 것처럼 생각한다. 이런 것들은 단순히 내가

---

98) Charles E. Raven, *Is War Obsolete?*, George Allen & Unwin, 1935, *War and the Christian*, London, 1938, *The Theological Basis of Pacifism*, London, 1952를 보라.

99) Charles E. Raven, *Is War Obsolete?*, op. cit., p.44.

프랑스의 어딘가에 매장했던 젊은이들의 단순한 영웅주의를 크게 찬양하게끔 만든다.[100]

그럼에도 불구하고, 1945년까지 레이븐은 "나의 신앙은 계속해서 교회 문서를 정기적으로 읽을 만큼 충분히 강하지 않다"는 사실을 사적인 편지에 썼다.[101] 1935년 윌리엄 템플(William Temple) 못지않은 인물인 레이븐은 평화주의자로서 자신의 입장이 '이단적 경향'이라고 주장했으며 그 결과로 그는 「더 타임스(The Times)」지의 칼럼을 통해 평화주의에 대해 논쟁하는 수많은 글들을 교환했다. 어떤 단계에서, 그는 심지어 요크 대주교였던 템플을 '배교자'라고 비난했다.[102] 분명히, 영국 성공회 내의 평화주의자로서, 그는 스스로 '외부자'로 간주되었다. 이전의 다른 많은 레기우스 석좌 신학교수(Regius Professor of Theology, 케임브리지 대학의 신학과 석좌교수직 ―역주)들과는 달리, 그에게는 결코 주교직이 제공되지 않았다.

특히, 두 요소가 사회학자들에게 콘스탄티누스 이전 교회와 이후 교회들 사이의 이러한 불일치에 대한 이해를 높이는 데 기여했을 것이다. 첫째 요소는 명백히 평화주의 지향적인 신약의 증거가 사용되는 방식과 관련 있었고, 둘째 요소는 논쟁의 명백하게 내재적인 순환성에도 불구하고 정당 전쟁론들이 계발된 방법에 관련이 있다.

역사적으로 말하면, 신약성경은 평화주의, 정당 전쟁론 및 십자군 같은, 전쟁에 대한 세 가지의 중요한 기독교적 반응의 기초로 사용된다.[103] 십자군들은 예수님의 성전 청결 이야기와 '나는 평화가 아니라

---

100) ibid., p.40.

101) Dillistone, op. cit., p.437를 보라.

102) ibid., p.220f.

검을 주러 왔노라'라는 문장을 사용하는 경향이 있었다. 정당전쟁론자들은 '가이사의 것은 가이사에게 주라'와 로마서 13장 같은 구절들을 사용하는 경향이 있었다. 평화주의자들은 산상보훈에서처럼, 그리스도인들에게 '악에게 저항하지 말고, 다른 뺨을 돌려대고, 십 리를 가고, 너의 적을 사랑하라'고 격려하면서, 더 명백한 성경의 자료를 사용할 수 있었다.

신약에서 평화주의 지향적 자료는 정당 전쟁론자들에 의해 사용된 것보다 상당히 덜 모호할 뿐만 아니라,[104] 정당 전쟁론자들은 거의 변함없이 침묵으로부터의 논증(arguments from silence)에 호소한다는 사실이 중요하다. 로마 가톨릭의 도덕 신학자 에버하르드 웰티(Eberhard Welty)는 이에 대한 흥미진진한 보기를 공급해준다. 정당 전쟁론자로서, 그는 먼저 구약이 부정할 수 없이 군국주의적이라고 주장하지만, 신약을 사용할 때 그의 주장은 변화한다.

전쟁에 관하여 신학은 그 전체성이 고려되어야 한다. 그 시대의 상황들에 의해 조건화된 진술들은 보편적으로 타당하며 구속력이 있는 것으로 간주될 수 없다. 그리스도도 사도들도 전쟁이나 군복무를 비난하지 않았다. 그리스도는 메시아적 평화의 왕국을 건설하기 위하여 아버지에 의해 세상에 보냄을 받았다. 그러나 사람들은 그와 그의 복음을 거부했으며, 그로 의해 그리스도의 오심과 직접적으로 연결된 약속들을 상실했다. 그때부터 그들은 십자가를 지고 그리스도와 함께 고난을 받아야 했다. ……전쟁은 이러한 삶에 대한 커다

---

103) Bainton, op. cit., p.53f 참조.

104) G. H. C. MacGregor, *The New Testament Basis of Pacifism*, James Clarke, 1936를 보라. C. J. Cadoux, *The Early Christian Attitude to War*, London, 1919 참조.

란 고난들과 처벌들 중 하나다.[105]

침묵으로부터의 논증은 여전히 더 발전된다. 예수는 결코 군복무를 비난하지 않았을 뿐 아니라 폭력의 잠재적 사용과 폭력의 실제적 사용에 빈번하게 의존했던 팍스 로마나를 암묵적으로 수용했다고 주장된다. 그러나 모든 침묵으로부터의 논증들처럼, 사회적 결정요소들을 추구하는 것은 사회학자가 주의해야 하는 것이다.

두 번째 주목할 요소는 심지어 가장 복잡미묘한 정당 전쟁론들의 명백한 순환성과 관계된다. 암브로시우스, 아우구스티누스 및 아퀴나스의 종합적 지식에도 불구하고, 이 이론들은 여전히 비교적 발전되지 않은 채로 남아 있다. 그 이론이 영국 교회협의회의 유명한 출판물 내에 설명된 형태는 이 점을 잘 예증한다.

전쟁이 '정당한' 것이 되기 위해서는 그것이

1) 법적 권위에 의해 수행되어야 한다.

2) 확실히 침해를 받은 의심할 수 없는 권리의 옹호를 위해 수행되어야 한다.

3) 해결을 위한 모든 평화적 수단이 실패한 뒤의 마지막 수단이 되어야 한다.

4) 전쟁을 통해 성취될 선의 가능성이 전쟁이 일으킬 수 있는 악을 능가해야 한다.

5) 정의를 위해 승리하리라는 이성적 희망을 갖고 수행되어야 한다.

6) 올바른 의도 하에서 수행되어야 한다.

---

105) Eberhard Welty, *A Handbook of Christian Social Ethics*, Nelson, 1963, Vol.2, pp.396-397.

　7) 이성적 존재로서 인간의 본성과 일치하며, 기독교의 도덕적 원리
　　들과 국제적 동의에 따라서 적법한 방법들이 사용되어야 한다.106)

　그 출판물, 곧 이 전체 개념에서의 명백한 약점은, 어떤 타당한 권위가 부재한 상태에서, 모든 국가가 자기 자신의 문제에 대해 직접 판단을 내리는 재판관이라는 점을 인정한다는 것이다. 거의 모든 구절이 '누구의 의견에 따라서?'라는 질문을 야기하는 단어들을 포함한다. 누구도 의심하지 않을 어떤 권리가 있는가?107) 이와 비슷하게, 침략 전쟁이 부도덕한 것이라고 진술하면서, 웰티는 "그러나 정확히 어떤 전쟁이 침략 전쟁들로 간주되어야 하는지에 대해 진술하기는 어렵다"고 인정한다. 웰티 자신의 낙관주의적 해결책은 "실로 편향되지 않은 객관적 판단을 위한 모든 조건들을 충족시키는"108) 국제재판소에 의존해야 한다는 것이다.

　그러나 그 출판물이 결코 인정하지 않는 더 급진적인 요점은 정당 전쟁론에 대한 그들의 설명이 솔직히 같은 말을 반복한다는 것이다. 그래서 이미 인용했던 설명 내에서, '올바른(right)', '선한(good)' 그리고 '적법한(legitimate)' 같은 비슷한 용어들에 더하여 실제적 용어인 '정의(justice)'가 사용되며, 이 모든 것은 '정당 전쟁'을 위한 전제조건들을 상술하려는 설명에서 사용된다. 그런 순환성은 정당 전쟁론들에서 고질적인 것으로 나타난다.

---

106) T. R. Milford, *The Valley of Decision: the Christian Dilemma in the Nuclear Age*, British Council of Churches, 1961, p.21. 암브로시우스와 아우구스티누스, 아퀴나스에 대해서는 Arthur F. Holmes ed., *War and Christian Ethics*, Baker, 1975를 보라.

107) ibid.

108) Welty, op. cit., p.409.

이 두 요소들 — 정당 전쟁론자들에 의한 신약 주석의 빈약함과 그들의 형식적 논증들의 순환성 — 은 "종교지도자들이 전쟁에 기꺼이 제공하려는 어떤 지지를 강요할 수 있는 거대한 구속들이 실제 전쟁이 한창일 때에는 사라져버리는 경향이 있다는 경험적 관찰과 결합될 때",[109] 완전한 불일치가 뚜렷이 나타난다. 콘스탄티누스 이후의 교회 지도자들과 신학자들이 전쟁을 인가할 준비가 되어 있었던 반면 콘스탄티누스 이전의 교회 지도자들과 신학자들은 전쟁을 인가할 준비가 되어 있지 않았다는 사실은 사회학적 설명을 필요로 한다. 특정한 사회적 결정요소들은 이전에 언급한 다음의 세 가지 접근법, 곧 사회문화적, 사회정치적 및 사회교회론적 접근이라는 조건에서 분석될 수 있다.

사회문화적 층위에서 보자면, 콘스탄티누스의 권력 승계로 새로 형성된 기독교의 주류 신분은 문화적 다원주의에 더 많이 노출되었다고 볼 수 있다. 기독교를 더 넓은 문화적 기초에 노출시키기 위해 영지주의자들과 다른 이들에 의한 이전 시도들은 일반적으로 '이단적인' 것으로 낙인 찍혔다. 비주류 종교로서 기독교는 상당한 '문화적 순수성'을 유지할 수 있었다. 그러나 당시 인구 대다수의 요구를 들어주는 종교로서 기독교는 곧 더 광범위한 문화에 직면하게 되었다.

아우구스티누스가 자신의 정당 전쟁론을 구축하기 위해 고전적 자료들을 매우 자유롭게 차용할 수 있었던 것은 우연한 일이 아니다. 특별히 저작이 '이단적인' 것이라고 칭해지지 않는 한, 이전의 비주류 종교 처지의 시대에서는 신약의 교훈들을 더 크게 고수하는 것이 기대될 수 있었을지도 모른다. 과거의 유대 기독교 청중보다 출신의 스

---

109) J. Milton Yinger, *The Scientific Study of Religion*, Collier-Macmillan, 1970, p.465.

펙트럼이 더 넓은 새로운 청중이 주어지면서 아우구스티누스에게 고전적 차용들은 가능하고 그럴듯한 것이 되었다. 더욱이 그 이후로 그리스도인들 — 특히 로마 가톨릭, 성공회 및 루터교 전통들 — 은 거의 신약에 의존하지 않고 전쟁에 대한 일반적인 인본주의적 태도들과 별반 다르지 않은 정당 전쟁론들을 채택하는 것이 가능했다. 확실히, 레이븐의 평화주의에 반대하는 반응을 보였던 영국 성공회 조직의 절대다수는 그리스도인이거나 아니거나 간에 사회의 절대다수의 태도들과 거의 다르지 않았다. 제1차 세계대전 동안, 성공회 주교들의 견해와 일반 대중들의 견해는 더 뚜렷해졌다. 많은 설교에서 '모든 전쟁들을 종식시키기 위한 전쟁'이 격려되었다.

사회정치적 층위에서, 아우구스티누스는 최소한 두 가지 즉각적인 문제들에 직면했을 수 있다. 첫째, 그는 로마 제국 내 야만인들의 성공적 침략의 증가와, 이런 상황이 로마의 기독교화로 인한 직접적 산물이라는 이교도들로부터의 필연적인 조롱에 직면하게 되었다. 둘째, 그는 팍스 로마나의 몰락의 진정한 가능성을 예상할 수 있었다. 의심할 여지 없이, 팍스 로마나는 효과적인 의사소통을 가능하게 해주었기 때문에, 복음 전파에 도움을 주었다. 이전에, 팍스 로마나는 그리스도인들이 단순히 추정할 수 있었고, 그에 대한 변호나 정당화가 거의 필요하지 않았다. 이제 일정 정도의 무력을 사용하지 않는다면 팍스 로마나는 몰락할 것이라는 수많은 증거들이 있었고, 이는 기독교에 파괴적인 결과를 초래할 것이었다.

다른 한편, 기독교가 주류 위치를 획득하자, 기독교는 정치권력들의 운명을 더 이상 무시할 수 없었다. 비주류 종교로서, 정치적 요소들은 비교적 기독교에 부적절한 것들이었다. 나중에 그렇게 된 것처럼, 기독교 기관들이 인구 대다수의 정치적 공감과 조화를 이루는 것이 필요하지 않았다. 그래서 로마 제국의 운명이 그리스도인들에게 비교적 무관심한 문제일 수 있었기 때문에, 콘스탄티누스는 주류 종교의 대표들로 그들을 임명하지 않았다. 더욱이, 그리스도인들이 소수인 오늘날의 정치적 상황에서, 정권의 특별한 운명은 상대적으로 무관심한 문제일 수 있다. 영국의 제도 교회들이 자신들이 전심으로 수용한 제1차 세계대전과 더 조심하며 수용한 제2차 세계대전 사이에 급격히 쇠퇴했다는 것은 확실히 흥미 있는 일이다.

마지막으로, 사회교회론적 층위에서, 현대의 교회/종파 유형에 대해 발견된 몇몇 사항은 적실하다. 사회학자들은 콘스탄티누스 이전 교회를 종파적 용어로, 콘스탄티누스 이후 교회를 더 자세하게 교회-지향적 용어로 분석하고자 하는 유혹을 받는다. 확실히 전자의 비주류 신분(minority status)과 후자의 주류 신분(majority status)은 그런 분석에 신뢰성을 제공한다. 종파가 단순히 소수의 운동이 아니며 교회가 다수의 운동도 아니기 때문에 비록 그들 스스로 이런 요소들이 그것을 완전히 정당화하는 데 충분하지 않다 하더라도 말이다.

잉거(Yinger)는 전쟁이라는 맥락에서 매우 적절하게 교회와 종파 사이의 차이를 표현한다. 위기의 때에 교회 대변인들은 전쟁에 대한 일반적인 비난에서부터 실제 전쟁의 명확한 수용으로 아주 빠르게 이동할 수 있다고 언급하면서, 그는 다음과 같이 주장한다.

교회들의 딜레마라는 개념뿐만 아니라 철저하게 사회와 통합된 종교기관으로서 '교회'의 사회학적 의미는 우리에게 이런 이동을 해석하는 데 도움을 줄 수 있다. 중요한 전쟁에서 교회가 — 그 규정상 — 국가를 후원하지 말아야 한다는 것은 상상할 수도 없는 일이다. 교회 지도자들은 만일 사회가 겪고 있는 기본적 갈등으로부터 완전히 돌아선다면, 그 사회에서 영향력을 갖기를 거의 희망할 수 없다. 그들은 그들 자신의 권력에 관한 한 자격 있는 영향력을 발휘하기 위해 ― 이것이 그들의 희망인데 ― 불가피한 여러 현실들을 받아들인다.110)

다른 한편, 종파는 그런 필수적 역할을 할 필요가 없었다. 그러나 물론 종파들 대다수가 평화주의 지향적이지는 않았다. 더욱이 잉거 자신이 인정하듯이, 평화주의를 지향하는 종파들은 "전쟁에 대한 국가의 주장들에 반대하는 형태들에 있어서 넓은 범위의 형태를 나타낸다."111) 이미 지적했던 것처럼, 윌슨은 주로 특별한 종파들의 '세상에 대한 반응들'이 얼마나 다양한지를 보여주었기 때문에 이것은 거의 놀랄 만한 일이 아니다. 그럼에도 불구하고 이 층위에서 교회와 종파 사이에 결정적 차이점이 남아 있다. 원칙적으로, 종파가 전쟁에 대한 사회의 태도를 거부할 수 있는 반면 교회는 그렇게 할 수 없다. 교회가 교회로서 계속 남아 있기 위하여, 실제로 최소한 전쟁의 시기가 아닌 동안에는, 교회가 일반적으로 이 이슈에 관해 사회를 비난할 수 없다.

물론, 정당 전쟁론들의 사회적 결정요소들을 확립하기 위한 이 마지막 접근법이 본래부터 갖고 있는 사회학적 위험이 있다. 정당 전쟁론은 종파들과는 구별되는 것으로서의 교회들의 부분적 증상과 상이점들로 취급된다. 그래서 정당 전쟁론은 적어도 부분적으로 교회-형

---

110) ibid., p.460.

111) ibid., p.467. David Martin, *Pacifism*, Routledge & Kegan Paul, 1965, Brock, op. cit., 그리고 Peter Brock, *Twentieth-Century Pacifism*, Van Nostrand Reinhold, 1970 참조.

태(church-type) 종교기관의 산물들 중 하나로 확인되지만, 또한 정당 전쟁론은 교회와 종파 사이의 구별되는 표지들 중 하나로 사용된다. 그런 혼란은 아마도 어떤 기준들이 교회-종파 유형에 가장 잘 적용될 수 있는 것인지에 관하여 사회학자들 사이에 있는 선명한 차이점들을 고려할 때 필연적이다. 그럼에도 불구하고, 결국 어떤 유형들이 채택되든지 간에, 콘스탄티누스 이전 교회와 콘스탄티누스 이후 교회들 사이의 중요한 차이점은, 전쟁과 관련된 사항들을 포함하여, 교회들의 사회구조에 대한 전망으로부터 그리고 교회들의 신학적 신념들에 대한 전망으로부터 이해될 수 있다. 이런 상황을 고려한다면, 사회학자가 이러한 서로 다른 구조들과 신념들이 상호관계성을 가지도록 시도하는 것이 중요하다.

그래서 이런 세 가지의 기본적 접근법들 — 사회문화적, 사회정치적, 사회교회론적 — 로부터 신학의 여러 측면들을 고찰함으로서, 사회학자는 신학의 사회적 결정요소들을 얼마간 밝혀내기를 희망할 수 있다. 사회학자가 이렇게 하는 한, 그는 신학에 대한 사회학적 설명의 중요한 부분을 수행하고 있는 것이다.

제 3 장

낙태에 대한 교회의 반응들에서의 결정요소들

나는 이전 장에서 신학의 사회적 결정요소들을 연구하기 위한 이론적 틀을 제공하려 했다. 나는 3단계의 분석 — 사회문화적, 사회정치적, 사회교회론적 — 을 제시했으며, 그 다음에 그 단계들을 전쟁의 윤리적 문제에 대한 신학적 반응들이라는 특별한 이슈와 연결시키려 시도했다. 본 장은 다른 이슈(즉, 낙태에 대한 교회의 다양한 반응들과 관련된 사회적 결정요소들)에 대한 더 확장된 분석을 형성할 것이다. 이 역시 똑같은 세 겹의 분석적 틀을 사용할 것이다.

그런 사회학적 분석이 미래의 신학이나 교회들을 위한 활동들을 처방할 수 없다는 것이 곧 강조되어야 한다. 사회학적 기술(description)은 신학적 처방(prescription)이나 윤리적 처방과 혼동되지 말아야 한다.112) 사회학적 기술의 '……이다(is)', '……이었다(was)', '……일 것이다(will be)' 혹은 '……일 수 있다(could be)' 같은 표현들은 신학적 윤리적 규정의 '……해야 한다(ought to be or should be)'라는 표현과는 매우 다르다.113) 교회들이 그런 분석으로부터 기대할 수 있는 최

---

112) Robin Gill, *The Social Context of Theology*, Mowbrays, 1975, chap.4.

대치는 바로 교회들 자신의 역할에 대한 더 비판적인 인식이다.[114]

종교적 관련성과 낙태

그러나 낙태에 대한 교회의 반응들의 사회적 결정요소들을 분석하려는 시도는 처음부터 어려움에 직면한다. 이 분야에서 행해진 사회학적 연구가 거의 없다는 것은 종교가 사회에서 종속변수로서보다는 독립변수로 작용하는 경향이 있다는 것을 보여준다. 물론 이는 사회에 따라 다양하다. 더 구체적으로, 낙태에 대한 개인의 태도에 있어서 종교적 관련성(religious affiliation)은 대부분의 다른 사회적 변수들보다 더 강력한 표지로 작용하는 듯 보인다.

북미의 서부 주(state)에서 행해진 두 개의 조사는 이런 제안을 확증해주는 듯 보인다.[115] 리처드슨(Richardson)과 폭스(Fox)라는 두 명의 저자는 1967년, 1969년, 1971년에 제출된 낙태 개혁 법안에 관한 입법부의 투표를 분석하려고 시도했다. 그들이 선택했던 주는 특히 흥미로웠는데, 왜냐하면 그 주의 입법부 의원들이 높은 퍼센트의 가톨릭교인들, 개신교인들 및 몰몬교인들로 구성되어 있었기 때문이었다.

---

113) David Martin 'Ethical Commentary and Political Determination of Christian Morals,' in Gerard Irvine ed., *Christianity in its Social Context*, SPCK, 1967 참조.

114) V. A. Demant, 'Sociological Factory in the Determination of Christian Morals,' in Gerard Irvine ed., *Christianity in its Social Context*, SPCK, 1967 참조.

115) James T. Richardson and Sandie Wightman, 'Religious affiliation as a predictor of voting behaviour in abortion reform legislation,' *Journal for the Scientific Study of Religion*, 1972, pp.347-359, James T. Richardson and Sandie Wightman Fox, 'Religion and Voting on Abortion Reform: a follow-up study,' J.S.S.R., 1975, pp.159-164.

낙태 개혁에 관해서 단지 개신교인들만이 호의적인 투표를 할 것이라고 예상했던 그들은 하원 투표에서 다음과 같은 점을 발견했다.

투표 행위에 대한 예측을 일관되게 허용했던 유일한 변수는 종교적 관련성이다. 나이는 결코 예측에 도움을 주지 못했으며 심지어 모든 회기들마다 예측하는 능력을 저하시켰다. 당(party) 역시 투표 행위를 예측하는 능력을 저하시켰다. 비록 낮은 단계에서였지만 선거구는 단지 1969년에만 예측하는 데 도움을 주었다. 비록 다양하게 나타났지만 종교적 관련성 때문에 나타난 패턴은 항상 긍정적이었다.116)

그 주의 상원의원의 투표 행위에 대한 조사결과도 이와 비슷하게 나타났다. 현재의 맥락에서의 특별한 관심은 저자들이 가톨릭교인들, 개신교인들 및 몰몬교인들의 적절한 신학적 신념들에 대한 연구로부터 예측을 했다는 것이다. 그들은 개신교 신학과는 구별되게 가톨릭 신학이 착상 시점부터 인간으로서 존재하는 것이므로 낙태는 살인행위라는 기초 위에서 낙태를 반대한다고 주장했다. 그러나 이 이슈에 관해서 몰몬교 신학은 더 복잡하다.

모든 인간은 현생 이전(premortal)의 혹은 현세 이전(preearth)의 단계에서 태어난다. 그들은 육체적 몸을 소유하고 있지 않다. 그러나 그들은 지성을 갖고 있으며 이러한 현생 이전의 존재 동안에 자유의지를 행사할 수 있고 행사한다. 그들은 하나님의 영적 자녀들로, 하

---

116) ibid., 1975, p.162.

나님은 독특하고 목적 있는 삶으로 인도하기 위해 그들을 개인적으로 창조했다. 현세 이후의 생명 혹은 하나님과 존재를 공유하는 천국과 같은 상태를 성취하기 위해, 그 영적 자녀들은 현세의 생명이나 현생의 존재(mortal existence)로 태어나도록 선택해야 한다. 그러므로 탄생은 현세 이전의 상태에서 현세의 생명으로의 전이 단계로 여겨진다. 물론, 이런 전이를 방해하는 것은 비난을 받으며, 낙태는 단순히 생명 이후의 존재를 향해 자신의 길을 가고 있는 영적 자녀에 대한 살인으로 보인다. 이유야 어떻든 간에, 낙태와 관련된 것들은 낙태에 의해 현세의 존재(그리고 장래 천국의 존재)를 유지하고 있는 개인의 영혼에 대해 책임이 있는 것으로 여겨진다.[117]

그러나 그런 신학적 관념들이 몰몬교인 입법자들에게 거의 영향을 미치지 않을 가능성이 존재한다. 저자들은 "가톨릭교인들과 몰몬교인들이 그들의 외견상의 신학적 신념들에 대해 덜 반응하고 그들의 개별 교회들의 권위구조들에 더 반응할 가능성이 있다"[118]는 것을 인정한다. 만일 정말로 그러하다면, 이 상황에서 하나의 독립변수로 작용하는 신학의 가능성은 한 단계 더 뒤로 물러나게 된다. 그런 가능성을 변호하기를 원하는 이들은 신학이 가톨릭교회와 몰몬교회의 공식적 입장들에 영향을 미쳤으며 또한 교회들은 그들의 추종자들에게 영향을 미쳤다고 주장해야 한다.

종교와 낙태에 대한 태도와 반응들 사이의 관계에 관한 이 연구와 다른 연구들[119]이 종교적 실천의 표지들 가운데 가장 약한 것이라 할

---

117) ibid., p.160.

118) ibid., p.164.

119) 하지만 Bradley Hertel, Gerry E. Hendshot and James W. Grimm, 'Reigion and

수 있는 종교적 관련성에 의존하는 경향이 있다는 것은 확실히 주목할 만하다. 신학의 사회적 중요성을 위한 진지한 안내로서 종교적 관련성을 사용하는 것과 관련된 문제들 가운데 하나는 그 관련성이 사람들이 지닌 종교적 신념들의 강도 혹은 정교함에 대한 어떠한 표지도 제공하지 않는다는 점이다. 그래서 그 조사에서 혹자는 전혀 교회에 출석하지 않을 수도 있고, 기도하지 않거나 믿지 않거나 혹은 심지어 자신이 소속한 교단의 주요한 신학적 교리들에 대해 전혀 모른 채로도 '개신교인'이 될 수 있다.

낙태에 대한 교회의 태도들에서의 변화들

교회들의 공식적 입장들이 단지 신학적 고려 사항들에 의해서만 결정된다고 하는 주장은 심지어 가장 간략한 역사적 연구에 의해서도 유지되지 못하는 주장이다. 그런 연구에 따르면 로마 가톨릭교회는 낙태에 대한 공식적 반응을 여러 번 바꾸었고, 이런 변화들이 계속되었으며, 또한 개신교 교회들이 다수의 급진적 변화들을 보였다. 전체적으로 보면, 이런 변화들은 교회의 입장 변화에 신학만큼이나 영향을 미치는 것이 사회라는 강력한 가능성을 보여준다. 물론 이 주장이 신학적 개념들이 가톨릭 및 개신교의 공식적인 교회론의 입장들에 영향을 미칠 가능성을 쉽게 배제하는 것은 아니다. 다만 신학적 개념들이 결코 유일한 영향력을 의미하는 것은 아니라는 점을 제안한다.

중세 가톨릭교회가 태동을 하는 태아(quickened foetus)와 태동을 하

Attitudes Toward Abortion: A Study of Nurses and Social Workers,' J.S.S.R., Vol. L, p.794를 보라.

지 않는 태아(unquickened foetus)를 구별하고 오로지 전자의 낙태를 비난할 만한 살인 행위로 보는 경향이 있었다는 것은 잘 알려진 사실이다. 심지어 얼마 동안 교회는 남아가 착상 후 40일, 그리고 여아가 착상 후 80일에 생명이 생긴다고 믿는 남녀 태아의 생명의 날짜(the date of animation)에 관한 아리스토텔레스의 구별을 따랐다. 이 구별이 결국 (낙태 이전에 성별을 결정하는 것이 분명히 어렵기 때문에) 실행 불가능한 것으로 이해되면서,[120] 생명이 있는(animated) 태아와 생명이 없는(unanimated) 태아 사이의 구별은 교황 비오 9세(Pius IX)가 태아의 영혼이 임신 때에 시작함을 공표하고, 낙태를 하려는 사람들에 대한 처벌로서 파문을 확증했던 1869년까지 암암리에 거부되지 않았다.[121]

생명이 있는 태아와 생명이 없는 태아 사이의 구별에 대한 교회 내의 오랜 역사에도 불구하고, 초대교회에서는 더 엄격한 태도가 분명 우세했다. 초대 교부들 가운데서 미누키우스(Minucius), 펠릭스(Felix) 및 테르툴리아누스는 모두 차별 없이 낙태를 비난했다. 더욱이 서구에서 엘비라 공의회(The Council of Elvira)는 낙태를 행한 여성에게는 심지어 임종 시에도 성만찬 참여를 금한다는 법령을 포고했다.[122] 그리고 동방에서 안키라 대회(the Synod of Ancyra)는 낙태를 한 여성에게 10년 동안 참회하게 하는 처벌 규정을 제정했다.[123] 그러나 아우구스티누스의 시대에 생명이 있는 태아와 생명이 없는 태아 사이의

---

120) Lane Committee, Report of the Committee on the Working of the Abortion Act, HMSO, 1974, Vol.l, p.794를 보라.

121) Const. *Apostolicae Sedis Moderatione*.

122) Canon 63e. C. J. von Hefele, *Histoire de Conciles*, Paris, 1907, Vol.l, pt.l, p.256.

123) Canon 21. ibid., p.323.

그런 구별이 나타났다.

이전 장의 마지막 부분에서 논의한 관점에서 보면, 아우구스티누스와 함께 발생한 이런 변화는 예견될 수 있었을지 모른다. 사회학적 관점에서 볼 때, 교회의 새롭게 형성된 위상과 제휴하여 로마 세계에서 발생하고 있었던 사회정치적 및 사회문화적 변화들이 이러한 윤리적 이슈에 대해 덜 엄격한 반응을 하게 했다. 이 관점에서 보면, 낙태에 관한 이슈는 결코 전쟁에 관련된 것만큼 중요한 이슈가 아니었다. 공공 도덕성에 대한 중요한 그리고 화제가 되는 이슈로서 전쟁에 대한 이슈는 분명히 교회와 국가 사이의 관계에 대한 근본적인 질문들을 제기했다. 그럼에도 불구하고, 분명히 그리스도인이든지 아니든지 간에 모든 시민들에 관한 이슈로서, 낙태 이슈는 여전히 중요했다. 그런 이슈에 대한 교회의 과도한 종파적 반응은 교회의 사회적 지위를 위험에 빠뜨릴 수 있다.

19세기까지 그런 사회적 압력들은 로마 가톨릭교회에 의해 덜 예리하게 느껴졌을 수 있다. 그 외에도, 의학적 생리학적 진보들은 중세기적 구별을 덜 지지할 수 있게 만들었다. 확실히 1884년, 1889년, 1902년, 1930년, 1968년의 교령들은 모두가 예외 없이 낙태를 비난했다. 1902년의 교령은 자궁 외 임신에 대한 낙태를 정죄한 반면, 1930년에 비오 11세(Pius XI)의 교황회칙인 「정결한 결혼(Casti Conubii)」은 태어나지 않은 아이의 생명이 그 어머니의 생명만큼 신성하다는 법령을 포고했으며, 1968년에 바오로 6세(Paul VI)의 교황회칙인 「인간 생명(Humanae Vitae)」은 심지어 치료 상의 이유로 인한 낙태까지도 비난했다.

전쟁이라는 윤리적 이슈에 대한 동일한 교회의 반응과 완전한 대조를 이루면서, 교회가 여전히 교회로 존재하면서도, 낙태나 피임 같은 사적 도덕성의 이슈에 관해 여론에 호의적이지 않은 입장을 유지하는 것이 가능한 듯이 보인다. 그러나 이 주장에 어떤 진리가 있기는 하지만, 그것은 두 가지의 지극히 중요한 증거들을 놓치고 있다.

첫째, 여론이 점점 더 제한된 낙태 개혁의 적절성을 지지하게 되는 것은 지난 수년 동안만 가능했던 일이다. 서로 다른 샘플링 기술과 질문 형태들을 사용하면서 영국에서 시행되어온 여론조사가 악명 높을 정도로 신뢰할 수 없는 것이기는 하지만, 단 두 가지 요점에서 어떤 비교는 직설적일 수 있다. 1965년에 2,000명의 유권자들에 대한 국민여론조사(National Opinion Poll)는 응답자의 24퍼센트가 낙태에 전적으로 반대한 반면, 1969년에 계층별로 분류된 1,000명을 대상으로 한 갤럽조사 샘플에서는—이는 1967년 낙태법이 시행된 이후인데—단지 13퍼센트만 반대했고, 1971년에 982명의 유권자들을 대상으로 한 여론연구센터(Opinion Research Centre)의 조사에서는 남성 6퍼센트와 여성 9퍼센트가 반대했다. 이와 반대로 1965년 국민여론조사에서는 6퍼센트의 응답자들이 요청에 의한 낙태에 호의적이었던 반면, 1969년 갤럽은 응답자의 18퍼센트가, 1971년 여론연구센터는 남성 20퍼센트와 여성 15퍼센트가 낙태에 호의적이라고 발표했다.[124] 여론의 변화가 이런 수치들로부터 조심스럽게 제안될 수 있다.

아마도 더 중요한 것은 서구에는 '자유주의화된' 낙태 입법의 매우 일반화된 경향이 있는 듯 보인다는 것이다. 유럽에서만 지난 10년 동안 놀라운 변화가 나타났다. 1960년대 초반에 사회적 심리학적 기초 위에서 법적으로 낙태를 허용했던 유럽 국가들은 소수에 불과했다. 1970년대 중반에는 그런 낙태를 법적으로 허용하지 않는 나라들이

---

124) Lane Committee, op. cit., Vol. 2, pp.20-23을 보라.

소수에 불과하게 되었다.125) 당연히 사회적 입법과 여론 사이의 필연적인 상호관계는 없다. 그럼에도 불구하고, 그렇게 많은 사람들을 포함하는 이슈에 관하여 꽤 직접적으로 어느 정도의 상호관계성이 있음이 기대될 수 있다. 최소한 이전의 기초들 위에서, 여론에서 낙태법 개정을 향한 약간의 변화가 있었던 것 같다. 물론, 여론이 이런 변화로부터 결과했는지 아니면 여론이 이런 변화를 야기했는지는 여기서 결정할 필요가 없다.

둘째, 낙태에 대한 로마 가톨릭교회 자체의 공식적 반응에서 나타난 변화가 있다고 주장할 만하다. 표면적으로 이미 인용된 교령들은 교회가 1869년의 절대적(absolutist) 입장을 유지해왔음을 보여준다. 비록 작은 표지들임에도 불구하고, 다른 표지들은 교회가 그런 입장을 갖고 있지 않음을 보여줄 수 있다. 현재, 자궁 외 임신의 제거는 합법적인 것으로 고려될 수 있다. 질병에 걸린 기관을 절제하기 위한 수술에서, 핵심 목적이 아니라 그 수술에 부수적으로 따르는 일로서 태아의 희생이 있을 수도 있는 것처럼 말이다.126) 더욱이 몇몇 국가들은 아직 임신이 발생되지 않았을 수도 있다는 가정 하에서, 강간을 당한 지 며칠 이내에는 확장(dilatation)과 인공유산(curettage)을 허용한다.127) 이러한 예외들은 확실히 적은 편이지만, 한 번 그런 예외들이 몇몇 로마 가톨릭 여성들이 (심지어 실천적인 가톨릭교인으로 남아 있으면서도) 당국에 의해 제공된 피임 기구 및 낙태 기구들을 사용한다는 알려진 사실과 합해지게 되면,128) 그것들은 낙태에 대한 교회의

---

125) International Planned Parenthood Federation, European Survey, March 1973를 보라.

126) H. Davis, *Moral and Pastoral Theology*, Sheed & Ward, 1946, Vol. 2, p.171 참조.

127) 예를 들어 Eberhard Welty, *A Handbook of Christian Social Ethics*, Nelson, 1963, Vol. 1.

공식적 반응이 다시금 변화하고 있다는 증거를 사회학자에게 제공할
수 있다.

확실히, 여론의 변화와 밀접하게 연결되어 있는 피임과 낙태에 대
한 반응의 변화는 서구의 많은 비 로마 가톨릭교회들 내에서 뚜렷이
나타난다. 특히 영국 성공회는 그런 변화, 그리고 그런 변화에 책임이
있는 사회적 결정요소들에 대한 훌륭한 실례를 공급해 준다. 이러한
두 개의 이슈에 관해 영국 성공회가 공적 선언들을 할 준비가 되어
있을 가능성은 영국 성공회를 사회학적 분석을 위한 분명한 후보로
만들어준다. 사실상, 그 대신 비록 많은 다른 교회들이 고찰되어왔다
고 하더라도 말이다.

1908년 램버스 회의(Lambeth Conference)에서 성공회 주교들은 피임
의 실천을 "인격을 타락시키며 국가적 복리에 적대적인" 것이라고 비
난했다. 1920년 회의에서는 피임이 "종족을 위협하는" 일이며, "과학
과 종교의 이름으로, 결혼한 사람들에게 성적 결합을 그 자체로 하나
의 목적으로서 의도적으로 장려하도록 격려하는 가르침"을 반대해야
한다고 주장했다. 그러나 부모 신분이 되지 않아야 한다는 "도덕적
의무를 분명히 느꼈던" 때에는 부모 신분이 되지 못하게 제한하는
"근본적이고 분명한" 방법이 "성적 결합으로부터의 완전한 금욕"이었
던 반면, 1930년 회의에서는 기독교적 원리들의 관점에서 행해진다면
"다른 방법들"이 사용될 수 있음이 허용되었다. "이기심, 사치, 혹은
단순한 편리"와 같은 그런 동기들은 부적절한 것으로 간주되었다.
1958년을 지나면서 그 회의는 하나님이 부모들에게 "자녀들의 수와
빈도"를 결정할 일차적 책임을 주셨다고 주장했지만 그것은 "하나님

---

128) Lane Committee, op. cit., Vol. 3, pp.29-30 참조.

앞에서 그들 자신의 적극적 선택"에 대한 그런 계획의 수단이 무엇인지에 대해서는 여지를 남겼다.[129]

램버스 회의로부터 이러한 증거를 회고했던 던스턴(G. R. Dunstan)은 그것이 기독교 윤리학의 형성에 관한 중요한 통찰력을 나타낸다고 주장한다.

> 1958년의 램버스 회의는 이전 몇 년 동안 평신도뿐만 아니라 그리스도인 남편들과 아내들, 감독 및 성직자들에 의해 이미 만들어지고 시험되고 행해진 도덕적 판단을 단지 결단이라는 말로 축소시켰다. 교회의 반대에도 불구하고, 그들은 자신들의 결혼생활에서 피임을 인정했으며 그렇게 행하는 것을 그들 스스로 유죄로 간주할 수 없었다. 그러므로 1958년의 보고서 및 결의안의 중요성은, 교회의 교도권이 형성하고 비준한 도덕적 판단이 일종의 신자들의 합의(consensus fidelium)에 의해 만들어졌고, 그 합의를 위해 유용한 신학적 정당화가 과거로 소급하여 실행된 경우를 예증하는 것이다.[130]

기독교 윤리학의 맥락에서 이 주장의 장점이 무엇이든지 간에, 사회학적 관점에서 보면, 그것은 그 이슈에 대해 신학이 종속변수로 작용했고 사회가 독립변수로 작용했음을 보여주는 증거를 무시하는 경향이 있다. 1958년의 결의안이 여론 변화를 따랐을 뿐만 아니라, 영국 성공회의 멤버들 스스로가 이전에 있었던 램버스 결의안을 고수하기보다는 이미 이 여론을 신봉하고 있었다는 점이 분명해 보인다. 분석

---

129) G. R. Dunstan, *The Artifice of Ethics*, SCM, 1974, p.38을 보라.
130) ibid., p.48.

의 사회문화적 층위에서, 교회의 변화하는 입장이 사회적으로 결정되었다는 다음의 결론에 저항하기는 어렵다. 과거로 소급하여 작용된 신학은 어떤 사회적 중요성을 결여하고 있음이 틀림없다.

낙태라는 특별한 이슈에 관하여, 더욱 놀랄 만한 변화가 영국 성공회 내에서—그리고 또한 서구의 다른 많은 비가톨릭교회들 내에서—뚜렷이 나타난다. 금세기 초만 해도 낙태에 대한 공식적 반응이 로마 가톨릭교회의 반응과 거의 다르지 않았으나, 1965년에 영국 성공회는 제한적 낙태 개정안을 지지하는 보고서를 제출했다.

「사회적 책임을 위한 영국 성공회 위원회의 보고서(The report of the Church of England's Board for Social Responsibility)」는 영국의 낙태 관련 법이 변화되어야 한다고 권고했다. 태아의 상태가 아니라 낙태를 원하는 여성들에게 강조점을 두는 그 보고서는 낙태를 위한 법적 기초가 "실제적인 혹은 이성적으로 예측할 수 있는 환자의 전체 환경"을 고려하면서 "환자의 죽음이라는 중대한 위험이나 혹은 환자의 건강이나 육체적 정신적 복리에 대한 심각한 손상"에 근거해야 한다고 제안했다.131)

영국의 상황에서 낙태에 대해 영국 성공회가 보인 반응의 역할을 완전히 고찰하는 것은 낙태에 대한 교회의 반응의 사회적 결정요소들에 대한 분석이라는 측면에서 볼 때는 너무 지역 중심적인 것이다. 그럼에도 불구하고, 다음의 두 가지 점이 특히 적절하며 동시에 더 광범위한 관련이 있을 수 있다. 이 두 가지 점은 낙태에 대한 영국 성공회의 변화된 반응이 영국 성공회가 당시에 충분히 인식하지 못했던 사회적 압력들에 많이 빚지고 있음을 보여준다.

---

131) The Church Assembly Board of Social Responsibility, Abortion: an Ethical Discussion, Church Information Office, 1965, p.67.

첫째, 1965년 보고서는 낙태에 관한 특별한 권고사항들이 영국 내에 있는 기존 현상을 거의 변화시키지 못했다고 믿었던 것이 분명하다. 그래서 그 보고서는 다음과 같이 인정한다.

비록 그 법(낙태법)의 의도에 영향을 주기 위해 사용된 실제적 용어들이 상당히 변화될 수 있다 하더라도, 법에 관한 한 이러한 협의의 결과가 법의 본질을 거의 변화시키지 않고 남겨둔다는 것을 인도적인 독자는—그 위원회의 멤버들이 인식하는 것처럼—지금쯤 인식했을 것이다.[132]

사실상 그 보고서는 보고서의 권고사항들이 낙태법을 영국과 웨일즈에서 제정된 판례법(case-law) 및 스코틀랜드의 현행법(actual law)과 일치시켰다고 믿었다. 그러나 낙태법의 이러한 변화 그 자체는 영국에서 합법적 낙태의 비율에 극적으로 영향을 미치지는 않았다.

이 신념은 교회 내의 다른 동시대인들과 공유되어온 듯이 보인다. 이 기간의 영국 내 목회적 돌봄에 관련된 문헌을 고찰해보면 낙태법에서의 변화가 합법적 낙태의 엄청난 증가를 야기하리라는 사실을 거의 예상하지 못했음이 드러난다. 확실히 케네스 차일드(Kenneth Child)의 저서 『환자 심방(Sick Call)』은 영국 성공회의 보고서를 구체적으로 언급하긴 하지만, 낙태에 직면한 사람들에 대한 목회적 돌봄에 관해서는 거의 지면을 할애하지 않고 있다. 더욱이 그 책이 낙태라는 주제에 할애하는 지면 가운데 대부분은 불법적 낙태에 직면한 여성들과 관계되어 있다.[133]

---

132) ibid., p.48.

둘째, 회고적으로 살펴보자면, 영국 성공회의 권고사항들이 완전히 수용되었으며, 사실상 그 권고사항들이 영국에서 합법적 낙태의 상당한 증가를 야기했다고 주장할 수 있다. 1976년 낙태 법안(the Abortion Act 1967)에 채택된 실제적 기초들은 다음과 같다.

  a) 예정일보다 빨리 인공적으로 출산시킬지의 여부에 관한 문제보다 더 큰 문제인, 임신의 존속이 임신한 여성의 생명이나 임신한 여성 혹은 그녀의 가족 가운데 어떤 기존 아이들의 신체적·정신적 건강에 대한 상해의 위험과 관계되어 있다는 것.
  b) 혹은 만일 아기가 태어난다면, 심각한 불구 상태의 육체적 정신적 기형으로 고통을 겪으리라는 실질적인 위험이 있다는 것.[134]

  분명히 이런 기초들은 — 여성뿐만 아니라 태아를 고려해야 함을 인정하고, 여성의 '중대한' 위험을 언급하지 않는데 — 영국 성공회에 의해 제안된 기초들보다 상당히 더 유연하다. 그럼에도 불구하고, 현재 대다수의 낙태는 — 비록 약간 다른 형태라 할지라도 영국 성공회의 보고서에서 인정한 기초인 — 여성의 정신적 건강이라는 기초 위에서 수행되는 것이 분명하다.[135] 더욱이 유럽의 다른 곳에서 정신적 건강의 기초들에 대한 다른 용어는 합법적 낙태의 비율에 거의 영향을 미치지 않은 것처럼 보인다.[136] 아마 틀림없이, 실제 효력을 발생시키는 요소는, 채택된 세세하고 특별한 용어들이 아니라 법률에서의

---

133) Kenneth Child, *Sick Call*, SPCK, 1965, pp.99-100.

134) The Abortion Act 1967, HMSO.

135) Lane Committee, op. cit., Vol. 1 참조

136) ibid., 또한 IPPF, op. cit.을 보라.

변화이다. 확실히 영국의 상황에서, 잉글랜드 법(English law)과 스코틀랜드 법(Scottish law)은 낙태의 광범위한 사용이나 혹은 합법적 낙태를 제공하는 사립 요양원들의 설립을 억제하기 위한 낙태 법안이 시행되기 이전에는 충분히 문제가 있는 것이었다. 1967년 이후 그 상황은 급진적으로 변화되었다; 잉글랜드 사람들과 웨일즈 사람들은 더이상 판례법에 의존하지 않았으며, 스코틀랜드 사람들은 더욱 안정적인 법률상의 지위를 얻은 듯이 보인다. 생각건대, 정신적 혹은 사회적 기초들 위에서 낙태를 허용하는 거의 **모든** 법안은 이런 상황을 낳을 수 있었을 것이다. 심지어 영국 성공회의 권고사항들에 기초된 법안이라 할지라도 말이다.

만일 이 주장이 옳다면, 영국 성공회의 멤버들이 그들 스스로 그들이 내놓은 제안들의 잠재적 영향력을 인식하지 못했던 것이 분명하다. 영국에서 낙태 법안의 시행에 관하여 몇몇 대표자들 중 일부에게서 나타난 불안감은, 그 주제에 관해 사회 책임 위원회에 의해 만들어진 정부의 여러 제안들이 그러하듯이,137) 이것이 바로 그러한 경우임을 알려준다.138)

그러나 사회학자가 보기에, 낙태의 절대적 금지에 뒤이어 낙태의 제한적 수용이 뒤따르고, 법률 개정을 위한 제안들과 그 다음에 이 개정의 부분적 실행의 결과들에 대한 의심들이 뒤따르는 이런 패턴은 신학적 관점에서는 온전히 설명할 수 없는 것이다. 의심할 여지 없이 심지어 영국 성공회의 멤버들이 낙태에 대한 자신들의 반응을 바꾸고 있었던 때조차도 신학적 고려사항들은 신봉되었다. 그럼에도 불구하

---

137) Board of Social Responsibility's Committee for Social Work and the Social Services' Newsletter, No. 9, May 1974를 보라.

138) 예를 들어 Dunstan, op. cit.

고 1965년 보고서에 다음과 같은 인용이 있는 것처럼 그것이 사회적으로 결정되었음이 명백하다.

> 우리는 태아의 일반적 신성불가침성(inviolability)을 규범으로 주장해야 한다. 첫 번째 원리로서, 태아의 살 권리와 출생할 권리를 변호하는 것. 그리고 다음으로는, 특별한 경우에, 승인을 위한 더 높은 수준의 주장을 갖고서 다른 케이스나 다른 사람들과 갈등을 빚고 있는 기초 위에서 태아의 살 권리와 출생할 권리를 소멸시키기를 원하는 사람들에게 반대의 이유에 대한 증명의 부담을 부과하는 것. 사실상, 단지 그렇게 함으로써 우리는 인간 생명의 가치와 중요성을 지지하는 도덕적 전통의 **의도**를 유지할 수 있다. 반드시 이런 논의에서 '어떤 생명인가?'라는 질문이 제기되어야 한다. 그리고 **모든 환경에서** 낙태 거부에 대한 절대적 집착은 다소 그런 의도의 좌절을 야기할 수 있다.[139]

이 인용문 역시 영국 사회의 기존 상황에 대한 과거 소급적인 신학적 정당화라고 할 수 있다. 그 당시에 이미 비록 더 많은 것을 허용하도록 법률의 변화를 위한 강력한 압력들이 있기는 했지만, 제한적 범위의 법적 낙태는 허용되었다. 영국 성공회의 보고서가 낙태 허용에 완전히 동의하지 않으려 했다 하더라도, 이 인용문으로부터 그 보고서가 제한적 법적 낙태를 정당화하도록 준비되었다는 것이 뚜렷하게 나타난다. 그래서 태아의 '생명권'에 대한 명백한 강조에도 불구하고 ― 현대 로마 가톨릭 전통에서처럼 ― 그 보고서는 태아의 '일반적'

---

139) Abortion: an Ethical Discussion, op. cit.

신성 불가침성과 도덕적 전통의 '의도'라는 관점에서 중요한 제한조건들을 마련할 준비가 되었다. 그 보고서는 심지어 낙태 이슈에 관한 '절대주의적(absolutist)' 자세에 대한 공격으로 이러한 과거 소급적인 입장을 강화하려고 시도했다.

흥미롭게도 던스턴은 영국 낙태 법안이 대중 여론에 반응한 것이라는 이유로 그것을 비판했다. 그 법안이 의회에서 통과했을 때, 법안 초고에서 발생했던 변화들—그가 주장한 것처럼, 영국 성공회의 제안들을 철저하게 왜곡시켰던 변화들—에 대해 논평하면서 그는 다음과 같이 주장했다.

> 그러므로 내가 여기서 개략적으로 진술한 정당한 낙태 윤리의 경향은 영국에서뿐만 아니라 전 세계에서 실행되는 경향과는 반대 방향으로 이동하는 듯이 보일 수 있다. 인공유산(induced abortion)의 범위에 대한 사실들은 단지 한 가지 결론을 초래한다. 인공유산이 바로 사람들이 원하는 것이기 때문에 현재 인공유산이 더 널리 법제화되며 실행되고 있다는 결론 말이다. 이것이 우리의 윤리학에서 알려지지 않았던 생명 파괴를 위한 의학적 간섭의 징후이다.140)

내가 제안하는 분석의 관점에서 볼 때, 이 인용문에 포함된 주장은 두 가지 결정적인 요점을 놓치고 있다. 첫째, 1965년 보고서에 표현된 것처럼, 영국 성공회의 입장 그 자체가 여론에 의해 결정된 것으로 보인다는 것이다. 기존 상태에 대한 신학적 정당성을 공급하려고 시도함에 있어서 그리고 낙태에 관한 법안 초고에 있는 구체적인 제안

---

140) Dunstan, op. cit., p.87.

을 제공함에 있어서, 일정 정도의 사회적 결정요소가 그 보고서에 존재하는 것으로 보인다. 둘째, 영국 성공회의 제안들이 채택된 실제 입법의 제안과 비슷한 결과를 산출할 수도 있었다는 점에서, 그 제안들은 심지어 그 저자들이 그 당시에 자각했던 것보다 더 본질적으로 여론에 동조했던 것으로 간주될 수 있다. 영국 성공회는 전체 사회 내에서의 동시대적 상황을 명백하게 정당화하고 있었을 뿐만 아니라 또한 미래에 급진적으로 변화될 상황을 제공하고 있었다. 이상하게도, 표면상 신학적으로 동기 부여된 보고서의 제안들은 현 상태와 나중의 상태 둘 모두를 직접 반영하면서 이중으로 결정된 것으로 보인다.

가장 예외적인 상황들을 제외하고는 전반적인 상황에서 낙태를 금지하는 기존의 법안이 유럽과 미국 전역에서 점진적으로 변화되는 것처럼(미국에서는 1973년 대법원의 결정이 매우 신속한 변화를 일으켰다),[141] 과거로 소급하는 신학적 정당화의 보기들은 많은 비 로마 가톨릭교회들에서 발견될 수 있다. 교회들 사이에 낙태의 이슈가 (전쟁과 같은) 공적 도덕성의 문제에 관한 어떤 비슷한 법안보다 정부 법안에 대해 더 큰 반대를 불러일으켰다 하더라도, 대부분의 교회들 내에서 식별할 수 있는 변화가 분명히 나타난다. 심지어 로마 가톨릭교회의 입장조차도 변화 없이 남아 있지 않았다.

신학과 행동의 상호관계들

이 논점에 대한 나의 분석은 낙태에 대한 교회의 반응들에 식별 가

---

141) Lane Committee, op. cit., and IPPF, op. cit.를 보라.

능한 사회적 결정요소들이 있다는 전반적인 논지를 확증하는 듯이 보인다. 최소한 몇몇 경우들에서, 종교적 관련성이 낙태에 대한 사람들의 태도들을 결정함에 있어서 하나의 중요한 변수로 남아 있을 수 있지만 (아마도 비록 그들의 실제 행위는 항상 그렇지 않다 해도),[142] 많은 교회들의 공식적인 신학적 입장들은 일반적 여론에 많이 빚질 수 있다. 영국에서, 최소한 (그리고 비록 여기서 증명될 수 없다 하더라도 다른 곳에서 역시), 일반적 여론은 과거보다 낙태의 광범위한 사용을 점점 더 편드는 듯이 보인다. 상황이 실제로 그러하다면, 금세기 동안 영국 성공회 내에서의 명백한 변화들과 현대 로마 가톨릭교회 내에서의 가능한 변화들은 이러한 변화하는 여론과 밀접하게 상호관련될 수 있다.

나의 사회학적 분석의 세 단계라는 관점에서 보자면, 낙태에 대한 이들 두 교단의 반응들에 대한 개관은 사회적 결정요소들의 상당히 포괄적인 패턴을 산출한다. 낙태에 관한 기존의 모든 교회의 반응들에 대한 철저한 조사나 혹은 심지어 모든 가능한 반응들의 이상적 전형화를 시도하지 않고, 단지 이들 두 교단들을 비교하는 것만으로도 사회적 영향력들의 흥미 있는 배열이 제시된다.

사회문화적 단계의 분석에서, 여론과 교회의 반응 사이의 밀접한 일치는 중요한 것으로 나타난다. 물론 이것은 영국 성공회의 경우에 가장 뚜렷하게 나타난다. 이용 가능한 증거를 토대로 하자면, 금세기 초에 낙태와 피임에 대한 교회의 절대적 거부와 1967년까지 이 두 가지 이슈에 대한 교회의 점진적 수용은 그 당시 영국 내에서의 여론과 일치했던 것처럼 보인다. 1967년 낙태법에 영향을 받았던 급진적 변

---

142) Lane Committee, op. cit., Vol. 3를 보라.

화들 이후에만 영국 성공회 지도층의 견해들이 사회 전반의 견해들과 매우 달랐다. 심지어 여기에서조차도, 영국 성공회 내에서의 의견들이 다시금 변화하고 있음을 발견할 수 있다. 상원에서의 낙태 법안에 주교들 중 한 명만을 제외한 모든 이들이 초기에 거부했지만 말이다.143)

영국에서 낙태에 관한 현행 입법에 분명히 급진적으로 반대하기 때문에, 로마 가톨릭교회 내에서의 상황은 더욱 복잡하다. 그러나 중세 가톨릭교회에 의해 채택되어 19세기 중반까지(1588~1591년의 짧은 중지 기간이 있었지만) 보유되었던 움직이는 태아(animated foetus)와 움직임이 없는 태아(unanimated foetus) 사이의 아리스토텔레스적 구별은 그것이 항상 여론을 거부하지는 않았다는 표시가 될 수 있다. 이러한 구별은 낙태를 반드시 너그럽게 봐주지는 않으면서 교회로 하여금 초기 낙태의 조치에 대해 관용적이게끔 했다. 심지어 현재의 상황에서조차도, 19세기와 20세기 초반의 피임과 낙태에 대한 절대적 반대들이 수정되고 있다는 표시들(비록 작은 것들이지만)이 있다. 확실히 피임의 경우에, 「인간 생명」은 피임이라는 사실 자체보다 산아제한의 수단을 비판했지만, 그런 비판은 심지어 절대적 입장보다 덜한 낙태의 이슈에 대해서조차도 뚜렷이 나타난다.

분석의 사회정치적 단계에서, 낙태의 이슈에 대한 영국 성공회의 역할은 다시금 흥미로운 것이다. 1960년대의 정치적 실재들에 대한 영국 성공회의 반응은 주로 그런 실재들에 의해 형성되었다. 그래서 (영국 성공회의 입장을 가장 가깝게 표현한) 영국 내에서의 현 상태에 대해 캠페인을 벌이는 대신, 입법 초안을 제공하도록 촉구되었다. 내

---

143) Dunstan, op. cit., p.87을 보라

가 주장한 것처럼, 주로 영국 성공회의 입법 제안들의 가능한 영향력을 인식하지 못하기는 했지만, 그럼에도 불구하고 영국 성공회는 그 제안들을 제공할 준비가 되어 있었다. 그 결과, 통과된 실제 입법 형태를 결정하지는 못했지만, 영국 성공회는 자신이 지지하지 않았던 낙태를 위한 기초들을 명백하게 정당화하고 있다는 것을 발견했다.144) 따라서 정치적 실재들은 교회의 제안들에 관한 결정적인 영향력을 갖고 있었다.

다른 한편, 합법적 낙태를 허용하는 국가들 내에 있는 로마 가톨릭교회의 정치적 반응은 매우 달랐다. 입법 초안을 제공할 수 없었던 많은 교회들은 기존의 법을 바꾸기 위해 정치적 로비에 참여했다. 실로 교회들은 도덕적 정치적 중요성의 문제에 대해 좀처럼 매우 지속적으로 그리고 활발하게 캠페인을 벌이지 않았다. 더욱이, 원치 않는 임신에 직면한 사람들을 위해 '낙태에 대한 대안들'을 제공하는 상담 기관 및 양육 기관들을 설립하기 위한 다양한 시도들이 있었다.145) 합법적 낙태의 다양한 단계들을 후원하지만 아직 낙태에 직면한 사람들의 목회적 돌봄을 위한 시설들을 거의 제공하지 않는 비 로마 가톨릭교회들과는 대조적으로, 로마 가톨릭교회는 매우 적극적이었다.146) 주어진 정치적 실재들에 반응하기는 하지만 ― 그리고 그런 실재들에 의해 결정되는 부분들을 분명히 보여주기는 하지만 ― 로마 가톨릭교회는 적극적으로 그런 실재들에 도전하려고 시도했다.

마지막으로, 사회교회론적 분석의 단계에서, 다시금 영국 성공회와

---

144) cf. ibid.

145) World Council of Churches' Office of Family Ministries, Pastoral Care of those Confronted with Abortion, Oct. 1975.

146) ibid.

로마 가톨릭 양 교단은 낙태에 대한 그들의 특별한 반응들과 관련된 결정요소들을 보여준다. 철저한 종파적 반응은 콘스탄티누스 이전 시대인 가톨릭교회의 가장 초기 단계에서만 뚜렷하게 나타난다. 낙태에 대한 초기의 절대적 거부는 로마제국을 둘러싼 의견과 만족스럽게 일치하지 못했다. 그 시기에 철저한 평화주의의 방향성을 교회가 가질 여유가 있었던 것처럼, 교회는 낙태에 대한 '이교도'의 관습을 거부할 수 있었다. 생명이 있는 태아와 생명이 없는 태아 사이의 구별은 중요하게도 콘스탄티누스 이후에 ― 즉, 종파 유형에서 교회 유형의 방향으로 교회의 지위가 변화된 이후에 ― 채택되었다. 이처럼, '국교'인 영국 성공회의 낙태에 대한 반응은 명백히 영국 내에서의 여론의 반응과 거의 다르지 않다. 현대 로마 가톨릭교회만이 주로 이 이슈에 대해서 사회와 다른 반응을 나타낸다. 그리고 심지어 그런 반응은 변화할 수도 있다.

낙태에 대한 윤리적 반응들 ― 그 반응들 스스로 관찰할 수 있는 사회적 결정요소들에 의존하는 ― 이전에는 낙태-돌봄의 영역에서 다른 목회 활동들과 상호관련되는 듯이 보인다. 사회적 인과관계의 복잡한 패턴이 출현하기 시작한다. 교회들에서의 목회적 행동은 신학-윤리적 신념들에 의해 영향을 받을 수 있으며, 번갈아 여론에 의해 영향을 받을 수 있고, 입법에 의해 영향을 받을 수 있고, 아마도 여론에 의해 영향을 받을 수 있다. 더욱이 이러한 패턴은 특히 신학적 개념들이 이런 상황 내에서 사회적으로 결정될 뿐만 아니라 사회적으로 중요할 수 있다는 가능성을 진지하게 취하는 상호작용주의적 접근의 도입에 의해 상당히 더 복잡하게 된다. 게다가, 낙태에 직면한 사람들에 대한 교회 반응들에 대한 앞의 분석은 때때로 그런 분석을 필요로 하는 듯이 보인다. 교회들의 특별하고 서로 다른 신학-윤리적 반응들은, 한

번 구성되면, 사회적 실재들 혹은 아마도 사회적으로 중요한 실재들이 될 것이다. 그래서 특별한 로마 가톨릭 성직자에게는 가톨릭교회의 공식적 입장이 사회적으로 결정된다는 것은 거의 문제가 되지 않는다. 그럼에도 불구하고 가톨릭교회의 공식적 입장은 존재하며 낙태를 하려는 여성에 대한 목회자의 목회적 반응은 그러한 입장을 고려해야 한다.

사회적 상호작용의 이런 복잡한 얽힘 현상은 사회학자와 신학자 모두에게 더 깊은 숙고를 요청한다. 낙태가 교회와 전체 사회 양쪽 모두에서 양가성(兩價性)과 불안을 창조한다는 사실은 그들에게 부가된 자극을 줄 수 있다. 상대적으로 공평한 입장에서 보면, 그것은 지식사회학을 신학에 적용하는 데 직면하는 난제를 잘 증명해준다.

제 4 장

신학의 사회적 중요성

　대부분의 종교사회학자들이 신학의 사회적 결정요소들에 대해 거의 연구하지 않았다고 한다면, 종교사회학자들은 신학의 사회적 중요성에 대해서는 전혀 연구하지 않았다고 할 수 있을 정도다. 이 분야는 거의 부수적인 분야로 여겨졌으며, 이 분야가 형성하는 상징들과 개념들은 현대 종교성에 대한 사회학적 설명들에서 대개 무시된다. 심지어 다른 종교기관들에 대한 세세한 설명들에서조차도 신학적 변수들에 관심을 기울이는 데는 인색하다.

　그럼에도 불구하고, 신학의 사회적 구조에 대한 분석은 신학이 때때로 사회적으로 중요하리라는 가능성을 진지하게 취해야 한다. 더 구체적으로, 한때 형성된 (심지어 사회적 구성물들로 보였던) 신학적 개념들이 널리 사회에 영향을 끼칠 수 있다는 주장을 탐구할 준비가 되어 있어야 한다. 그것이 본 장에서 하려는 일이며 다음 장에서는 이 주장에 대해 탐구할 것이다.

　현대 종교사회학자들이 신학이 사회 내에서 때때로 독립변수로 작용할 가능성을 무시하곤 하는 데는 최소한 두 가지 이유가 있다. 첫째 이유는 세속화 과정의 맥락에서 신학을 고찰하기 때문이다. 철저

한 세속화 모델을 발전시켰던 사회학자들[147] 가운데는 현대 신학을
세속화의 산물이자 희생자로 보는 경향이 있었다. 다수의 신학자들
과[148] 함께, 그들은 그들 스스로 세속화 신학 운동이나 심지어 에큐
메니컬 신학 운동 같은 신학 운동들이[149] 대체로 신학의 소멸에 직접
적으로 기여하는 세속화 과정의 일부라고 주장했다. 그에 더하여(그
리고 무언가 역설적으로), 그들은 급진적 세속화의 상황 내에서 신학
이 사회에 효과적으로 영향을 미치는 현상은 끝났다고 주장했다.

현대 사회학자들이 신학이 독립변수로 기능할 가능성을 무시하는
둘째 이유는 지적 개념들의 사회적 유효성에 대한 더 일반적인 비관
주의를 포함하고 있다. 일상적 지식의 사회적 중요성을 강조하는 버
거나 루크만 같은 지식사회학자들은[150] 동시에 지적 지식의 중요성을
훼손하는 경향이 있다. 그래서 특히 신학 같은 지성적 학문들은 사회
적으로 부수적인 현상으로 간주된다. 심지어 버거의 경우에서처럼,[151]
그런 학문들이 본질적으로 흥미 있는 것으로 간주되는 때조차도 그러
했다.

일단 이 두 주장들이 논쟁의 여지가 있는 가정들에 의존하고 있음
이 인정된다면, 종교사회학자는 더 이상 신학에 대한 자신의 상대적
무시를 변명할 수 없다. 만일 가장 급진적인 형태의 세속화 모델이

---

147) 예를 들어 Bryan Wilson, *Religion in Secular Society*, Pelican, 1969, Bryan Wilson, *Contemporary Transformations of Religion*, OUP, 1976, Peter Berger, *The Social Reality of Religion*, Faber & Faber, 1969.

148) E. L. Mascall, *The Secularisation of Christianity*, Libra, 1967 참조.

149) Bryan S. Turner, 'The Sociological Explanation of Ecumenicalism' in C. L. Mitton ed., *The Social Sciences and the Churches*, T. & T. Clark, 1972를 보라.

150) Peter L. Berger and Thomas Luckmann, *The Social Construction of Reality*, Penguin, 1971.

151) Berger, op. cit.를 보라.

현대 종교의 모호성을 덜 정확하게 나타내며 지성적 개념들이 아직까지 사회적으로 중요할 수 있다는 것이 인정된다면, 신학에 대한 적절한 사회학적 이해는 신학이 사회 내에서 종속변수와 독립변수 둘 다로 작용할 가능성을 진지하게 취해야 한다. 신학에 대한 제대로 된 상호작용주의적 접근은 사회학적 정언명령(imperative)이 된다.

그럼에도 불구하고, 종교사회학자는 다양한 신학 운동들과 개념들이 실로 사회적으로 중요하다는 것을 아주 쉽게 가정할 수 있다. 신학이 때때로 하나의 독립변수로 작용할 가능성을 인정하는 것과, 신학의 특정한 특징들이 구체적인 사회적 상황에 실제로 영향을 끼친다는 것을 증명하는 것은 별개의 일이다. 신학의 사회적 기능을 고려했던 소수의 현대 종교사회학자들 가운데는 이러한 일반적 가능성으로부터 실제적 증명 수준으로 너무나 쉽게 비약을 행하는 이들이 있다. 프랑스의 멜(Roger Mehl)과 영국의 잭슨(M. J. Jackson)의 저술들이 이러한 위험을 잘 보여준다.

비록 멜이 신학의 사회적 결정요소들에 대한 고찰의 중요성을 인식한다 하더라도, 그는 "사회학자의 공통적인 실수는 교리적 요소들을 고려해야 할 필요가 없다는 생각(이런 교리적 요소들이 종교가 거하는 문화적 단계에 적응하려는 종교의 노력을 표시하는 지성적 상부구조들일 수 있기 때문에)"이라고 주장한다.[152] 다른 사회학자들과는 대조적으로, 멜은 만일 혹자가 개신교를 이해하려 한다면, 신학의 역할에 특별한 관심을 쏟아야 한다고 주장한다.

만일 기독교 사회학(a sociology of Christianity)이 이 사실을 고려해야

---

152) Roger Mehl, *The Sociology of Protestantism*, SCM, 1970, p.6.

한다면, 개신교 사회학(a sociology of Protestantism)은 더더욱 그 사실을 명심해야 할 많은 이유를 갖고 있다. 개신교는 신학 박사들에 의해 영향을 받은 교리적 개혁으로 탄생되었다. 이러한 개혁은 실천들, 경건 형태들 및 사회학적 형태론의 요소들의 무한한 힘에 반대해서 일어났다. 그 개혁은 교리적으로 결정된 원형에 따라 교회의 가시적 공동체들을 개혁하기를 열망했다. 그 개혁은 기독론으로부터 교회론을 통하여 교구조직에 이르기까지의 노선이 가능한 한 직접적으로 연결되기를 원했다. 문제는 주로 종교개혁이 이러한 모험에서 완벽하게 성공적이었는지의 여부와 '비신학적 요소들'이 교회와 교구들의 구성을 방해했는지의 여부를 아는 것이 아니다. 개신교 교회를 연구하는 사회학자의 일차적 의무는 개신교의 이런 본질, 이런 의도를 고려하는 것이다. 사회학자는 그에 따라 그 요소들이 작용했는가 혹은 작용하지 않았는가의 방식을 조사할 수 있다.[153]

이 인용문은 신학이 사회적으로 중요하다는 제안을 명백하게 확증하기 때문에 매력이 있다. 그럼에도 불구하고, 이것은 여러 가지 점에서 비판받을 여지가 있다. 종교사회학자는 가톨릭보다는 개신교가 특히 자신에게 다소 진지하게 신학을 취하도록 강요하는 것이 아무것도 없다고 느낄 수 있다. 더욱이 그는 신학이 자기 연구의 가장 흥미진진하고 본래의 부분을 구성하는 것은 개신교와 가톨릭 둘 안에 들어 있는 '비신학적 요소들'의 탐구라고 정확하게 주장할 수 있다. 그런 탐구에서, 한 명의 사회학자로서 종교사회학자는 대체로 종교 연구에 대한 자신의 가장 중요한 기여를 할 수 있었다. 그리고 마침내 종교

---

153) ibid., p.7.

사회학자는 개신교의 '본질'에 대한 멜의 뚜렷하게 사회학을 벗어난 묘사에 대해 만족하지 못할 수 있다. 결국, 멜은 다른 곳에서, 사회학이 "그 본질에 있어서 종교에까지 이른다"고 상상해야 한다는 생각을 기각한다.154)

일반적인 가능성으로부터 신학의 사회적 중요성이라는 현실로 도약하는 입증되지 않은 비슷한 비약이 잭슨의 저술에서 뚜렷이 나타난다. 사회학과 신학 사이의 관계에 대한 잭슨의 분석은 사회 내의 독립변수로서의 신학에서 시작하며 또 그러한 신학을 중심에 둔다. 그래서 그는 예수 그리스도를 통한 '계시'를 강조하며 종교와 자연신학을 명백하게 거부하는 칼 바르트의 주장에 관해서, 그리고 제2차 바티칸 공의회의 「교회에 관한 규약(Constitution on the Church)」을 따르는 한스 큉(Hans Küng)의 '기독교 보편주의(Christian universalism)'에 관해서 매우 자세하게 살핀다. 특히 '기독교 보편주의'에 대해서, 잭슨은 다음과 같이 주장한다. 세계 종교들과 관련하여 "또한 대화를 그만두는 위험뿐 아니라 상대주의의 위험들이…… 뚜렷이 나타난다. 우리 모두가 같은 목적지까지 같은 길로 가고 있다면, 왜 귀찮게 굳이 대화해야 하는가?"155) 한스 큉의 기독교 '보편주의'가 '선교로의 촉구'를 누그러뜨리는 경향이 있었던 반면, '종교'에 대한 바르트의 태도는 핸드릭 크래머(Hendrik Kraemer) 같은 학자들의 전심을 다한 선교 활동을 이끌었다.156)

이러한 분석의 관점에서 잭슨은 "삶의 종교적 차원에 대한 이해와 설명"으로 보이는 신학의 사회적 중요성을 강력하게 주장한다.157)

---

154) ibid., p.2.

155) M. J. Jackson, *The Sociology of Religion*, Batsford, 1974, pp.46-47.

156) ibid., p.47.

종교에 대한 신학자들의 견해들은 종교사회학에서 아주 중요하다. 신학자들이 종교에 대해서 말하는 것은 종교 조직들의 신념과 실천에 대해, 그 조직들의 멤버들이 그들의 기능을 어떻게 보고 있는지에 대해, 종교 조직들이 그들 스스로 외부 세계와 어떻게 관계를 맺는지에 대해, 그들의 선교 프로그램들에 대해, 타 종교들에 대한 그들의 태도들에 대해 상당한 영향을 미친다. 종교에 대한 유사 거부(quasi-rejection) 및 수용이라는 바르트와 큉의…… 견해들은 널리 신봉되고 있으며 실천적 함의들로 가득 차 있다.[158]

불행하게도, 잭슨의 논지는 논증되기보다는 진술된다. '종교'에 대한 이들 두 신학자들의 서로 다른 신학적 반응들은 신학 세계 그 자체의 범위를 넘어서 사회적으로 중요한 것일 수 있지만, 이것을 증명하기 위해 아무런 증거도 제시되지 않는다. 선험적으로 볼 때, 대화의 종결은 큉의 '보편주의'에 대해 유일하게 가능한 반응이 아니며, 실제로는 바르트주의가 적극적인 선교사들 가운데서 지배적일 수도 있고 지배적이지 않을 수도 있다. 만일 사회 내에서 하나의 독립변수로 작용하는 신학의 가능성이 확고하게 확립되어야 한다면 더 정교한 분석이 필수적이다.

그러나 만일 이것이 확립된다면 그 다음에는 신학자들과 종교사회학자들 모두가 확실히 관심을 갖게 될 것이다. 신학자들은 자신들의 연구가 소수의 종교적 엘리트를 넘어서는 영향력을 가진다는 것을 알게 되어 고무될 수 있다. 종교사회학자들은 신학자들의 작업의 타당

---

157) ibid., p.40.

158) ibid.

성에 대해 어떤 다른 생각을 하든지 간에, 신학자들의 작업을 더 진지하게 취급하도록 압력을 받을 수 있다. 혹은, 사회학자들이 특히 이런 저술들의 종교적 내용의 부수 현상적 성격을 좀더 확신하게 되는 반면, 신학자들은 자기 저술들의 의도되지 않은 결과에 대해 다소 당황할 수 있다. 어느 경우에든지, 신학의 사회적 중요성에 대한 연구는 중요한 것이다.

신학자를 위한 이러한 연구의 명백한 매력에도 불구하고, 한 명의 사회학자로서 종교사회학자는 신학적 기획에 분명 해로울 수 있는 어떤 가능성들을 때때로 탐구할 수 있음은 강조할 만한 가치가 있다. 잭슨은 종교적 '중립상태'가 불가능하며 신자가 "종교에 공감해서 가입"하기 때문에 종교사회학자는 이상적으로는 한 명의 신자이어야 한다고 주장한다.[159] 대부분의 다른 사회학자들은 이것을 위험한 견해로 볼 뿐만 아니라,[160] 그들은 신학을 하나의 독립변수로 변호하려는 잭슨 자신의 시도가 그 자체로 사회학적으로보다는 신학적으로 동기부여 되었다고 주장할 수 있다.[161] 만일 사회학자가 신학을 적절하게 고찰하려 한다면, 그는 신학자로부터의 지속적인 압력 하에 있을 수는 없는 일이다.[162] 오히려, 심지어 신학 교수진에 속한 비판적 성서학자나 종교철학자처럼, 그는 연구의 결과가 어디로 이끌지라도 그 연구의 결과를 추적해야 하며, '마치' 그것이 유일하게 적절한 연구자세인 것처럼 연구해야 할 의무를 가진다.[163] 만일 그렇지 않다면,

---

159) ibid., p.50.

160) Michael Hill, *A Sociology of Religion, Heinemann*, 1973 참조.

161) Bryan Wilson, 'The Debate Over "Secularization,"' *Encounter*, Oct 1975 참조.

162) Robert Towler, *Homo Religiosus: Sociological Problems in the Study of Religion*, Constable, 1974 참조.

163) Robin Gill, *The Social Context of Theology*, Mowbrays, 1975, chap.2를 보라.

어떤 신학 형태들과 반유대주의[164]나 인종차별주의[165] 사이의 일어날 수 있는 상호연결들은 결코 조사되지 않았을지도 모른다. 막스 베버의 『프로테스탄트 윤리와 자본주의 정신』에 나오는 각주들 중의 하나를 상기하는 것은 가치 있는 일이다.

나는 이 연구와 관련하여 신학자들로부터 수많은 귀중한 제안들을 받았다. 그들 측에서의 반응은, 특별한 요점들에 관한 폭넓은 의견 차이들에도 불구하고, 대체로 친절하고 개인 감정을 섞지 않은 것이었다. 내가 문제들을 다룰 때 반드시 가져야 하는 방식에 대해 다른 사람이 가질 수 있는 어떤 반감에 당황할 필요가 없었기 때문에 이것은 내게 더욱 환영할 만한 일이다. 어떤 신학자가 자신의 종교에서 귀중하다고 여긴 것이 이 연구에서 매우 큰 역할을 할 수는 없다. 우리는 종교적 관점에서, 흔히 종교생활의 매우 피상적이고 정련되지 않은 측면들과 관련되어 있으며, 그것들이 피상적이고 정련되지 않았다는 바로 그 이유 때문에 외적인 행위에 가장 심오하게 영향을 주곤 했던 것에 관심이 있다.[166]

---

164) Charles Y. Glock and Rodney Stark, *Christian Beliefs and Anti-Semitism*, Harper, 1966를 보라.

165) Richard L. Gorsuch and Daniel Aleshire, 'Christian Faith and Prejudice: Rewiew of Research', *Journal for the Scientific Study of Religion*, Vol.13, No.3, 1974를 보라.

166) Max Weber, *The Protestant Ethic and the Spirit of Capitalism*, Scribner, 1958, p.187, n.1.

독립변수로서의 신학

　현대의 종교사회학자들이 신학을 경시하는 것과는 대조적으로, 종교사회학 분야의 개척자들 중 두 사람은 신학을 더 진지하게 대했다. 신학자 에른스트 트뢸치와 사회학자 막스 베버는 종교뿐만 아니라 신학도 사회 내의 독립변수로 다룰 준비가 되어 있었다. 두 사람 모두에게, 특히 신학적 상징들과 개념들은 사회적으로 중요한 것들이었다. 더욱이 만일 사회 내에서 신학이 하나의 독립변수로 작용할 수 있다는 점이 제거될 가능성이 있다면, 종교의 사회학적 이해를 위해 기여한 그들의 공헌에서 매우 핵심적인 요소들이 부정될 것이다. 이러한 이유만으로도, 오늘날 사회학자들에 의해 행해지는 신학에 대한 상대적 경시는 이상하게 보인다.

　이 영역에 존재하는 적은 양의 연구는 베버주의 논지와 트뢸치 이후의 교회/종파 유형론 주변에 밀집되는 경향이 있다. 전자는 가톨릭과 개신교 사이에 가정되는 신학적 차이점들에 근거한 그 둘 사이의 지속적인 차이점들을 고찰하는 경향이 있는 반면, 후자는 서로에 대한 그리고 전체 세계에 대한 교회, 교파, 종파의 다양한 신학적 반응들에 최소한 부분적으로라도 근거해서 교회, 교파 및 종파를 구별하는 경향이 있다. 그러나 앞 장에서 논의된 연구와 다음 장에서 논의할 연구를 제외하고, 실로 소수의 사회학자들만이 신학을 사회적으로 중요하게 취급하는 새로운 방법들을 탐구했다.

　『프로테스탄트 윤리와 자본주의 정신』에 포함된 베버의 논지는 너무나 잘 알려져서 여기서 자세하게 재검토할 필요가 없다. 서구에서 비즈니스 리더들과 자본 소유자들이 가톨릭교인이라기보다는 개신교 교인인 경향이 있었으며, 벤저민 프랭클린(Benjamin Franklin)의

자기-승인적 윤리(self-acknowledged ethic)가 “삶의 모든 자발적 즐거움에 대한 엄격한 회피와 결합하여 더 많은 돈을 버는 것”을 포함한다는 경험적 관찰들로부터 시작해서,[167] 베버는 서구에서 자본주의가 발흥할 수 있게 한 문화적 요소들 중의 하나가 칼빈주의 신학이었을 것이라고 제안했다. 불가피하게, 베버가 증명하려 시도했던, 소명, 예정론, 금욕주의, 성화에 대한 개신교 교리들과 서구 유럽의 ‘정신’ 및 미국 자본주의 사이의 상호관계는 상당히 복잡하다. 만일 그렇지 않았더라면, 그것은 학문 공동체로부터 그렇게 큰 관심은 거의 받지 못했을 것이다. 그러나 마찬가지로 불가피하게, 그것은 여기서 다시 재론할 필요가 없는 상당한 비판을 받았다.[168] 그러나 몇 가지 방법론적 논점들은 즉각적 관심을 불러일으킨다. 더욱이 이는 베버가 자신의 논지를 제시한 연구에 대해 말할 때조차 그 논점들 모두가 간과되기도 했던 것이다.

첫째, 베버는 신학이 서구에서 자본주의의 발흥에 포함된 단지 하나의 변수였다고 시종일관 주장했다. 합리적인 부기(book-keeping), 운송수단 등과 같은 다른 요소들은 적어도 동등하게 중요한 변수들이었다. 베버가 자신의 논지를 위해 채택했던 온건한 역할은 “종교적 세력들이 전 세계에 걸친 자본주의 정신의 질적 형성과 양적 팽창에 참여했는지의 여부와 그리고 그렇다면 어느 정도로 참여했는지”를 규명하는 것이었다.[169] 그는 자본주의가 종교개혁이 아니었다면 결코 발

---

167) ibid., p.53.

168) Gary D. Bouma, ‘Recent “Protestant Ethic” Research,’ *Journal for the Scientific Study of Religion*, Vol.21, No.2, 1973, 그리고 Charles Y. Glock and Phillip E. Hammond ed., *Beyond the Classics? Essays in the Scientific Study of Religion*, Harper & Row, 1973, pp.113-130를 보라.

169) Weber, op. cit., p.91.

생활 수 없었다거나 혹은 종교개혁이 자본주의의 유일한 원인이라고 주장하지 않았다. 그가 어떤 신학적 개념들을 사회적으로 중요하게 다루기는 했지만, 그는 결코 그 개념들이 배타적으로 중요하다고 제안하지는 않았다.

이 논점은 신학의 사회적 중요성을 연구하기 위한 시도에서 근본적인 것임에 틀림없다. 엄격한 경험적 증거에 의해 지원받지 않은, 중요성의 정도에 관한 과장된 주장들은 이러한 연구에서 아무런 역할도 감당할 수 없다. 예를 들면, 뉴질랜드에서 대공황이 발생한 후에, 신학적 고려사항들이 사회적으로 중요해졌다는 캐빈 클레멘츠(Kevin Clements)의 중요한 주장은 그가 분석하는 맥락에 배치되어야 한다. 1925년에서 1931년까지 교회들은 현상 유지를 암암리에 그러나 명백하게 수용했지만, 1931년에서 1934년까지 교회들은 기존 상태의 유지에 호의적인 초기 진술들과는 급진적으로 반대되는 사회적 가르침을 발전시키기 시작했다.[170] 1934년에서 1935년 사이의 기간 동안에 '종교 지도자들'이 명백하게 급진적인 정치적 입장을 채택했고, 노동당에 상당한 지지를 표하고 종교적 정당성을 부여함으로써 노동당이 1935년 선거에서 승리하도록 도와주었다고 그는 주장했다. 그래서 처음에 종교적 신학적 요소들은 종속변수들로서만 작용했지만, 1934년을 지나면서 "변화의 동인들 — 노동당 — 을 정당화함으로써, 그리고 노동당이 그 문제에 대해 특히 기독교적 해결책을 내놓기 위해 채택할 수 있는 구체적인 혁신들을 제안함으로써…… 종교기관들이 변화들에 독립적 영향력을 미치는 상황을 해석하기 위한 종교적 상징들을

---

170) Kevin Clements, 'The Religious Variable: Dependent, Independent or Interdependent?,' in Michael Hill ed., *A Sociological Yearbook of Religion in Britain*, SCM, 1971, p.40.

생산함으로써, 종교적 변수는 사회 변화에 매우 독립적인 영향력을 미쳤다”고 그는 주장한다.171) 그래서 클레멘츠는 이 상황에서 신학을 위한 비교적 온건한 역할—정당화하는 상징들을 생산하는 역할—을 엄격한 연구라는 기초 위에서 주장한다.172) 그 이상으로 주장하는 것은 증거를 넘어서는 것일 수 있었다.

둘째, 베버는 학자들에 의해 산출된 것으로서의 신학이 아니라 해석된 신학 혹은 ‘대중적’ 신학에 관심이 있었다. ‘프로테스탄트 윤리’의 논지에 대한 드물지 않은 비판은, 그 책이 칼빈주의의 소명, 선택, 성화 교리들에 대한 적절하지 않은 개념들을 칼빈주의에다 부과함으로써 칼빈주의에 대해 철저하게 왜곡된 설명을 공급한다는 것이다. 그래서 칼빈도 루터도 베버가 그들을 묘사한 방식으로 이 교리들을 수용하지는 않았다고 주장된다. 그러나 이러한 비판은, 칼빈과 루터 자신이 아니라 그들의 추종자들이 인식하고 있었을 교리들에 베버가 더 관심을 가지고 있었다는 논점을 놓치고 있는 것이다. 만일 신학이 사회적으로 중요한 것으로 간주되어야 한다면, 신학이 비신학자들에 의해 인식되는 방법은 매우 중요한 문제가 되지만, 신학이 신학자들 스스로에게 인식되는 방법은 단지 주변적 관심의 문제가 된다. 만일 칼빈주의 내의 특별한 관념들이 실로 서구에서 자본주의의 발흥에 기여했다면, 그것은 원래 의도된 관념보다는 일반적으로 파악되었던 이 관념들이 영향을 끼친 것임이 틀림없다.

학문적인 측면보다 인식된 측면에서의 신학에 초점을 두는 것은 사

---

171) ibid., p.45.

172) Kevin Clements, ‘The Churches and Social Policy: A Study in the Relationship of Ideology to Action,’ unpublished Ph.D. Thesis, Victoria University of Wellington, New Zealand, 1970를 보라.

회학자에게 약간 두려운 과제를 제출한다. 사회학자는 이제 분석의 네 단계를 구별해야 한다. 학문적 신학자들 사이에서의 신학(말하자면 전통적 초점), 기록된 것이든지 말로 하는 것이든지 간에 신학을 비신학적 청중들과 의사소통하려고 시도하는 설교자들 사이에서의 신학, 교회 출석자들과 이들 설교자들에 의해 기록된 문헌의 독자들 사이에서의 신학, 마지막으로 정기적으로 교회에 출석하지도 않고 종교적 문헌을 읽지도 않는 사람들 사이에서의 신학. 신학에 대한 나의 원래의 정의라는 관점에서 보면, 그것은 단지 첫 번째 단계이며, 엄격하게 이해된다면, 신학이 발견되어야 하는 두 번째 단계의 기록된 부분이다. 따라서 두 번째 단계의 구술 부분과 세 번째 단계와 네 번째 단계 전체는 신학 그 자체와 관계된다기보다는 신학의 결과들에 관계된 것이다. 그러나 그것들은 정확히 기록된 것이라기보다는 구술된 것이기 때문에, 사회학자가 접근하기 용이하지 않다. 베버가 신학이 대중적으로 인식되었으리라 '예상되는(probable)' 방식들에 관해 생각할 수밖에 없었던 것처럼, 현대 사회학자에게도 이처럼 다루기 힘든 난제가 흔히 제기된다. 나는 다음 장에서 『신에게 솔직히』에 대한 반응의 네 단계를 고찰할 때 이 논점으로 돌아갈 것이다.

마지막으로, 베버가 자본주의의 지속적인 유지에 관심을 가졌던 것이 아니라 자본주의의 발흥에 관심을 가졌음을 강조하는 것이 중요하다. 랜스키(Lenski)가[173] 종교적 관련성이 실로 사회 내에서 하나의 독립변수로 작용할 수 있다고 제안하면서(그가 저술하고 있었던 당시에 종교사회학에 대한 폭넓은 무관심을 생각하면 그 자체로 하나의 중요한 연구결과인), 가톨릭교인들과 개신교인들 사이의 현대적 차이점들

---

173) Gerhard E. Lenzki, *The Religious Factor*, Doubleday, 1961.

을 고찰하기 위한 하나의 일반적 가설 안에 그 논지를 적응한 이후에, 상당한 분량의 연구가 경험적 고찰을 통해 이러한 차이점들을 지속적으로 검토하였다. 그러나 이것이 베버 자신의 논지에 대한 적응을 구성하고 있다는 사실을 잊지 말아야 한다.174) 베버는 무엇보다 자본주의의 발흥에 관심이 있었다. 베버는 자본주의의 특별한 유지가, 지금 그것들의 본래의 종교적 기반과는 분리되어, 번영과 열심 같은 그러한 일반적인 도덕적 가치들을 통하여 이루어졌다고 제안했다. 그래서 현대 자본주의는 현대의 종교적 관련성에 아무런 빚을 질 필요가 없다. 한 번 실행되면, 현대 자본주의는 현대의 종교적 관련성 없이도 매우 잘 생존할 수 있다. 이와 비슷하게, 클레멘츠가 제안한 종교적 상징들과 정치적 현상 사이의 상호관계에서, 오늘날 뉴질랜드의 노동당은 그곳에 있는 오늘날 교회들과 특별한 관계를 가질 필요가 없다. 교회들이 제공하는 종교적 정당성과 이전에 부족했던 (1934년 이전에, 그 당의 멤버들은 흔히 공산주의로 의심을 받았다) 존경을 받았던 노동당은 그러한 교회들의 축복이 있든 없든 간에 그 위치를 계속 유지할 수 있다.

베버의 논지가 본질적으로 역사적 논지라는 사실은 사회학자에게 난제들을 야기한다. 그 논지의 결과로 나온 비평들이 발견했던 것처럼, 어떤 충분한 경험적 방법이나 엄격한 방법으로 시험하는 것은 어려운 일이다. 이러한 난제는 이미 주어진 두개의 자격 조건들로 구성되어 있다. 그 논지가 가능한 여러 가지 변수들 가운데 하나와 관계되어 있다는 것과 그것이 학문적 신학이 아니라 인식된 신학 위에 기초되어 있다는 것. 아이러니하게도, 그의 이해 방법론과 함께 신중하

---

174) Bounma, op. cit.를 보라.

게 조건지어져 있는 모델들을 생산한 베버의 사회학자로서의 정교함은 많은 사람들이 옳고 그름을 입증할 수 없다고 주장하는 한 논지를 산출하는 데 기여했다.[175] 그럼에도 불구하고, 그것은 사회학자들에게 지속적인 관심사항이 된다는 것을 증명했다.

이와 매우 비슷한 비평이 에른스트 트뢸치의 교회/종파 유형론 — 종교 기관들 내에서 다른 형태들과 역학(dynamics)에 대한 연구 — 에 대해 행해질 수 있다. 자신이 주장한 종교 조직의 세 가지 형태들 — 교회, 종파, 신비주의 — 은 그들의 존재를 기독교 복음의 구조 그 자체에 기인한다고 그가 믿고 있었던 것이 분명하다. 시종일관 트뢸치는 자신의 유형론의 뿌리가 기독교 신학 내에 놓여 있다고 주장했다 (이는 현대 종교사회학자들에 의해 자주 무시되었던 특징이다).[176] 그래서 신학이 신학에 대한 조직적 반응들의 삼중적(triadic) 구조를 산출하고 유지하는 데 도움을 주는 한, 그에게 신학은 사회적으로 중요했다. 나는 다른 곳에서 그것이 사회학자에게 난제를 일으키는 그의 유형론의 신학적 기초라고 정확하게 주장했는데, 왜냐하면, 사회학자는 대개 교회/종파 유형이 기독교 자체보다는 종교들에 대해 적용될 수 있어야 하며, 신학적 사회적 비판 기준의 혼합이 엄격한 연구에서는 바람직하지 않다고 주장하려 하기 때문이다.[177]

이런 난제들에도 불구하고, 베버의 '프로테스탄트 윤리' 논지처럼 트뢸치의 유형론은 지속적으로 종교사회학자들의 관심을 끌었다. 더 결정적으로, 현재의 맥락에서 둘 모두는 신학의 사회적 중요성을 분석하기 위한 시도들의 실례를 공급한다. 둘 모두는 신학적 개념들이

---

175) Michael Hill, *A Sociology of Religion*, Heinemann, 1973 참조.

176) 하지만 Betty Scharf, *The Sociological Study of Religion*, Hutchinson, 1970을 보라.

177) Gill, op. cit., pp.4-5.

때때로 사회 내에서 독립변수로 작용할 가능성을 진지하게 제공한다.

신학과 평화주의

제3장에서처럼, 본 장의 첫 부분은 이러한 일반적으로 무시된 사회학 연구 영역에서 다른 학자들의 저술을 분석하는 것과 관련되어 있다. 그러나 본 장과 다음 장의 나머지 작업을 하면서, 나는 신학의 사회적 중요성이 어떻게 실제적으로 조사될 수 있는지를 보여줄 것이다. 나는 전쟁에 대한 신학적 반응들을 다시 살펴봄으로써 그리고 그 후에 『신에게 솔직히』에 대한 반응들에 관한 분석을 제공함으로써 이 작업을 하려고 한다.

내가 전쟁에 대한 신학적 반응의 한 가지 형태 — 철저한 평화주의의 형태 — 에만 집중하려고 생각하기 때문에 가능한 반응들의 범위를 더 정확하게 규정하는 것이 중요하다. 네 개의 '이념형'들이 구분될 수 있다. 그 형태들이 '실제(actual)' 형태들이라기보다는 '이념적' 형태들이기 때문에, 물론 그 형태들 모두가 사회의 기존 그룹들 내에서 순수한 형태로 발견되어야 한다거나, 심지어 그런 그룹들에서 상당한 중복이 발견되지 않아야 한다고 주장할 필요는 없다. 그 형태들은 전쟁에 대한 실제 반응들이 더 잘 분류되고 비교될 수 있도록 이론적 가능성의 범위를 언급하기 위해 의도된 것이다. 관념적 전형화들은 기껏해야 학습을 돕는 방책들이다. 그것들은 사회로부터의 직접적인 관찰들이라기보다는 사회를 해석하기 위한 수단들이다. 그래서 이런 식으로 이해하자면, 전쟁에 대한 네 가지 이념형적 반응은 다음과 같다.

(a) 철저한 군국주의(Thoroughgoing Militarism) — 어디서나, 어느 때
    나, 어떤 원인에서나 기꺼이 싸우고자 하는 태도.

(b) 선택적 군국주의(Selective Militarism) — 한 나라 혹은 다른 나라
    가 그 원인이 정당하다는 것을 선언할 때 기꺼이 싸우려는 태도.

(c) 선택적 평화주의(Selective Pacifism) — 그 원인이 정당하다는 것
    을 확신하는 때에만 기꺼이 싸우려는 태도.

(d) 철저한 평화주의(Thoroughgoing Pacifism) — 어디서나, 어느 때
    나, 어떤 원인에서나 기꺼이 싸우려 하지 않는 태도.

이 네 가지의 이념형은 전쟁에 직면한 개인의 자발성과 의도에 집
중하고 이 상황 안에 있는 다른 변수들을 언급하려 하지 않는다. 인
식된 정의 개념의 포함이란 점에서 (b)와 (c)는 (a)와 (d)와 다르다는 점
도 분명하다. 그 결과, 제2장에서 논의된 일종의 정당 전쟁론들은 (b)
와 (c)에만 적용된다. (b)와 (c) 사이의 구별점은 (b)가 특별한 원인에
대한 정의를 결정하는 주체가 개별 나라 혹은 심지어 다른 나라/조직
(이러한 모호성은 의도적으로 해결하지 않는 것인다)인 반면, (c)는 그
렇게 결정하는 개인 그 자체라는 사실에 있다.

전부는 아니더라도 대부분의 기독교 조직 내에서는 단지 (b), (c),
(d) 형태들만이 전쟁에 대해 고려할 수 있는 기독교적 반응으로 간주
될 것이다. 아마도, 단지 비-이상주의적 용병만이 (a) 형태에 순응할
것이며 그는 기독교 내에서는 옹호자들을 거의 발견할 수 없다. (내가
이전에 언급했던) 기독교적 사고 및 전-기독교적 사고에서 전쟁에 대
한 베인튼의 세 가지 역사적 태도들인 십자군, 정당전쟁 및 평화주의
는,178) 비록 이 형태들이 자연히 얼마간 더 광범위하며 전적으로 그
것들과 일치하지는 않지만, (b), (c), (d) 형태에 포함되는 것으로 보인

다. 특히, 기독교 평화주의에 속하는 것들로서 때때로 옹호되었던, (c)와 (d) 사이의 구별은 더 명백하게 된다. 일반적으로, 여기서 고려하는 것은 단지 마지막 형태 (d)이다. 비록 실제로는 (c)와 (d) 사이를 구별하기 어려울 때가 있다는 것을 인정하더라도 말이다. 그래서 예를 들면, 요컨대 분명한 (d) 형태의 실례인 러셀(Bertrand Russell)은 이론상 세계 정부의 상황에서 폭력적 인가를 정당화할 장래의 가능성을 인정했으며 그 결과 (c) 형태로 분류될 수 있을 것이다. 이와 비슷한 문제가 전쟁에 대한 '여호와의 증인'의 반응이라는 맥락에서 언급될 것이다. 평화주의에 대한 개별적인 경험적 예들의 정확한 분류에 있어서의 이런 어려움을 인정하기는 하지만, 그럼에도 불구하고 이 분석의 초점은 철저한 평화주의 (d)에 맞춰질 것이다.

신학의 사회적 중요성이 가장 뚜렷하게 나타나야 하는 것은 아마도 철저한 평화주의에서일 것이다. 전쟁에 대한 다른 기독교적 반응들에서 개인적 혹은 특정한 종교 조직의 견해들은, 정의상 국가의 견해들과 일치하는 경향이 있다. 따라서 개인적 견해들이 단순히 어느 정도로 특정 종교 조직의 견해에 의해서 결정되는지 혹은 그 견해들이 또한 어느 정도로 정당 전쟁론의 신학적 표현들에 의해 제공된 정당성들에 의해 결정될 수 있는지를 결정하는 것은 지극히 어렵게 된다. 이와 대조적으로, 한 개인으로서든지 혹은 한 종파로서든지 간에, 철저한 평화주의자는 대체로 사회 내에서나, 특히 기독교 내에서의 표준에서 벗어난 형태를 주장한다. 수적으로 보자면, 최소한, (b)와 (c) 형태들은 전쟁에 대한 주류 기독교적 반응을 나타낸다. (d) 형태는 매우 적은 소수로 간주된다. 물론 내가 앞에서 제안한 것처럼, 심지어

---

178) Roland H. Bainton, *Christian Attitudes Toward War and Peace*, Abingdon, 1960, p.53f을 보라.

이 마지막 형태 (d)에서조차도 사회적 결정요소들을 제안하는 것은 꽤 가능한 일이지만179) — 방법론적으로 전쟁에 대한 어떤 반응도 그런 분석으로부터 배제되지 말아야 한다 — 심지어 사회적으로 구성된 실재들로 보일 때조차도, 여기에는 신학적 입장들이 독립변수로 작용했을 수 있는 선험적(a priori) 가능성이 있다. 이 가능성은 철저한 평화주의 신학자 개인 및 철저한 평화주의 종파 둘 모두의 단계에서 조사될 수 있다.

철저한 평화주의 신학자 개인의 단계에서, 찰스 레이븐은 다시금 하나의 교훈적 본보기를 제공해준다. 1920년대 동안 그가 (b)나 (c) 형태들로부터 (d) 형태로 변화함에 있어서 어떤 사회적 결정요소들이 확인될 수 있다 하더라도, 특별한 신학적 요소들이 그때로부터 1965년 사망할 때까지 그가 유지했던 입장에 상당한 영향을 끼쳤음을 보여주는 지점이 그의 저술들에서 발견된다. 그는 전쟁에 대한 기독교적 반응들에 관한 일련의 저서들 가운데 한 권에 심지어 『기독교 평화주의의 신학적 기초(The Theological Basis of Christian Pacifism)』라는 제목을 붙였다.180) 그 책은 그 주제에 관한 그의 다른 저서들의 초점을 형성하는 기초를 공급하려는 시도이다.

레이븐은 자신의 평화주의의 원천으로 사회적 변수들의 다양성을 지속적으로 거부했다. 그 주제에 관한 그의 저서들의 논쟁적 성격 및 그가 받았던 상당한 비판을 생각해볼 때, 그가 종종 사회적 결정요소들이 자신의 몇몇 동료 평화주의자들의 태도들에 있음을 인정한 반면, 그가 자신에게 그러한 점이 있음을 인정하기를 꺼려했다는 것을

---

179) J. Milton Yinger, *The Scientific Study of Religion*, Macmillan, 1970, p.466f 참조.

180) Charles E. Raven, *The Theological Basis of Christian Pacifism*, The Fellowship of Reconciliation, 1952.

발견하는 것은 놀라운 일이 아니다. 그래서 그는 1920년대에 영국에서 평화주의를 향한 운동이 "주로 그리스도인들이 인정할 수 없는 동기들 때문이었다"는 것을 인정했다.[181] 이러한 동기들로 그가 제안한 것은 주로 "혐오와 두려움, 신경증적 소모와 실망의 축적된 결과들"이었다.[182] 그는 그러한 감정이 심지어 전쟁에 참여하고 있는 자들 안에서 바람직한 도덕적 특징들을 산출할 수 있음을 인정하면서, 전쟁에 대한 그런 감정적 반응들로부터 지속적으로 자신을 분리시키고자 했다.

평화주의의 사회적 결정요소들에 대한 레이븐 분석의 정확성은 그런 결정요소들로부터 자신의 입장을 구별하려는 레이븐의 결심이라는 사실보다는 현재 맥락에서 덜 중요하다. 그의 자기평가에서, 자신의 기독교 평화주의에 존재 이유를 공급했던 것은 바로 신학적 고려 사항들이었으며 전문 신학자로서 그는 가능한 한 널리 이러한 신학적 고려 사항과 관련해 강의, 저술, 연설 및 설교를 통해 소통하고자 했다.

여러 경우들에서, 그는 기독교 평화주의가 삼위일체의 교리에서 비롯될 수 있다는 것을 보여주고자 했다. 그래서 그는 전쟁이 단순히 살인, 고통 및 물질적 자원의 파괴를 포함하기 때문에 비난받을 것이 아니라, 신학적 이유들로 인해 비난받아야 한다고 주장했다.

전쟁은 하나님의 자녀들인 인간들과 구성원들 서로 사이에 존재하고 촉진되어야 하는 본질적 교제를 파괴한다. ……하나님에 대한 기독교적 교리는…… 사랑, 생명 및 빛에 의해 상징화된 인격적 특성

---

181) Charles E. Raven, *War and the Christian*, SCM, 1938, p.21.

182) ibid., Charles E. Raven, *Is War Obsolete?*, George Allen & Unwin, 1935, p.39f 참조.

(the personal qualities)을 중심으로 한다. 성육신의 교리는 하나님의 아들을 계시할 수 있는 유일한 매체로서 인격의 신성성을 증언한다. 성령은 주로 교제, 곧 성만찬과 신자들의 공동체, 그리스도의 몸인 복된 사회 안에서 드러난다. 이러한 우리 신앙의 주요 교리는 전쟁에 의해서 침범당하고 모독을 받게 된다.[183]

그러나 그가 흔히 이러한 삼위일체적 공식을 사용하기는 하지만, 기독교 평화주의를 위한 본래의 기초는 그의 기독교적 신념들과 구원론적 신념들이었던 것처럼 보인다. 그 주제에 관한 저술들을 통하여, 그는 "그리스도는 십자가에 의해 우리에게 세상의 죄를 극복하는 자신의 방법을 제시하지만, 적어도 인류의 일부가 또는 심지어 그리스도인 중 일부가 그것을 거부한다"[184]고 주장했다. 맥그레거(G. H. C. Macgregor)와 함께, 레이븐은 복음서, 사도행전 및 서신서들이 논쟁의 여지 없이 평화주의를 지향하고 있으며[185] 그리스도가 그 본문들에서 '평화의 왕'으로 출현한다고 주장했다.[186] 그래서 기독론의 적절한 이해는 그리스도의 평화주의 해석을 필요로 한다.

게다가, 그리스도를 다른 사람들의 대표자로 보고 '신자와 그의 주님과의 진정한 일치'를 함의하는, '그리스도를 본받음(Imitatio Christi)'이라는 관점에서의 구원론에 대한 이해는 그리스도인 제자들에게 평화주의를 불가피한 선택으로 만든다.[187] 그래서, 기독론과 구원론에

---

183) Raven, *War and the Christian*, op. cit., pp.48-49.

184) Raven, *The Theological Basis of Christian Pacifism*, op. cit., p.21.

185) G. H. C. Macgregor, *The New Testament Basis of Pacifism*, James Clarke, 1936를 보라.

186) Charles E. Raven, *Lessons of the Print of Peace*, Longmans, Green & Co, 1942를 보라.

187) Raven, *The Theological Basis of Christian Pacifism*, op. cit., p.22.

대한 이런 이해들을 보자면, "교회의 주장들에도 불구하고, 1세기 이래로 교회가 소수의 예외를 제외하고는 결코 철저하게 진지한 태도로 그리스도를 대하지 않았다"고 그가 믿었음은 분명하다.[188]

만일 레이븐이 자신의 기독론을 이끌어낸 신약의 증거를 다르게 해석했다면 — 정당전쟁 이론가들이 그렇게 하듯이[189] — 그의 결론들이 오히려 달라졌을지도 모른다는 것을 인식하는 것이 중요하다. 다른 한편, 그가 만일 '그리스도를 본받음(Imitatio Christi)'에 근거해 그의 구원론을 이해하지 않았다면, 심지어 그가 자신의 기독론적 신념들을 유지했다 할지라도, 그리스도인들을 위한 평화주의적 결론들이 반드시 뒤따라오지는 않았을 것이다. 그래서 다른 구원론 해석들에 근거하자면, 그리스도의 평화주의라는 사실이 반드시 그리스도인 제자들을 위한 평화주의로 이어지지 않는다는 것을 주장하는 것이 충분히 가능하다. 게다가, 그의 신학적 주장의 두 가지 특징 모두는, 이러한 평화주의의 직접적 원인들로서든 혹은 단순히 평화주의를 유지하게 해주는 것으로서든 간에, 기독교 평화주의에 대한 그의 정당화에 매우 중요하다. 어느 경우에서건, 본질적으로 신학적 개념들은 전쟁에 대한 레이븐의 전반적인 반응에서 사회적으로 중요한 역할과 일치할 것이다.

그래서, 그리 놀랄 것도 없이, 어떤 경우엔 특정 신학자들의 윤리적 입장들이 그들의 신학적 개념들에 의해 직접 영향을 받을 수 있다는 사실에 대한 실례가 이렇게 하나 만들어졌다. 어떻게 이것이 가능한가에 대한 더 자세한 증명은 제6장에 나올 것이다. 그러나 이 가능성

---

188) ibid.

189) 예를 들어 Eberhard Welty, *A Handbook of Christian Social Ethics*, Nelson, 1963 Vol.2, pp.396-397.

자체는 지식사회학자에게는 별로 흥미 없어 보일 수 있다. 예를 들면, 워너 스탁은 레이븐의 그런 분석이 미시사회학에 고유하게 속하며 따라서 지식사회학의 일부를 구성할 수 없다고 단호하게 주장한다.[190] 비록 그의 주장이 수용되지 않는다 하더라도, 그런 분석에서의 관심은 단지 이미 신학에 관심을 갖고 있는 사람들에게만 제한될 것임을 파악할 수 있다.

사회학자에게 더욱더 흥미로운 것은 레이븐의 신학적 주장들이 그 자체로 사회적으로 중요할 가능성이 있다는 점이다. 전쟁에 대한 레이븐의 반응이 신학에 의해 영향을 받았을 뿐만 아니라, 그가 행하는 이런 반응에서 나온 신학적 정당화가 그 자체로 다른 이들에게 영향을 미칠 가능성이 있다. 내가 이미 제안했던 네 단계의 분석, 즉 신학자들, 설교자들, 청중들 및 외부인들이라는 조건에서, 이 가능성을 연구하는 것이 중요하다.

케임브리지 대학교 신학과의 레기우스 석좌교수이며 광범위한 주제들을 다루는 신학 저서 25권을 저술한 저자로서, 평화주의에 대한 레이븐의 신학적 정당화가 아카데믹한 신학자들에게 널리 알려지지 않았다고 믿기는 어렵다. 이런 견해들과 여성 안수에 관한 견해들이 교회의 성직계급 가운데 아무리 대중적이지 않다 할지라도, 이런 견해들에 대한 그의 신학적 정당화는 최소한 학문적 공동체 내에서는 중요한 것이었다. 당시 요크 대주교였던 윌리엄 템플은 분명히 그것들이 1935년「더 타임스」지에서 공적으로 논박되는 것이 매우 중요하다고 생각했다. 게다가 여러 경우들에서, 레이븐은 전쟁에 반대하는 자신의 신학적 논쟁을 촉진시키기 위해 일련의 대학 강의를 했는

---

190) Werner Stark, *The Sociology of Knowledge*, Routledge & Kegan Paul, 1985, p.20f.

데, 그중에서도 특히, 보스턴 대학교, 유니온 신학교 및 시카고 대학교에서 행해진, 1934년의 할리 스튜어트 강좌(the Halley Stewart Lecture)와 1950년의 로버트 트리트 페인 강좌(the Robert Treat Paine Lecture)가 있었다. 그 당시에, 평화주의에 관한 그의 견해들은 신학 내의 다른 영역들에 관한 그의 견해들보다 신학자들 사이에서 심지어 더 잘 알려졌다.

의심할 여지 없이, 레이븐 스스로는 학자들이 학자로서 평화주의의 이슈에 대해 지성적으로 관심을 가지는 것이 중요하다고 생각했다. 자신에 대한 수많은 비평가들에 반대하여, 어떤 순간에, 그는 다음과 같이 주장했다.

> 폰손비 경(Lord Ponsonby), 러셀 경(Lord Russell), 앨더스 헉슬리 씨(Mr Aldous Huxley), 제랄드 허드 씨(Mr Gerald Heard), 미들톤 머리 씨(Mr Middleton Murry) 및 버밍엄 주교는 아마도 영국의 공공 생활에서 어떤 그룹보다 더 큰 지성적 힘을 가진 인물들이다. ……각각 자신의 특별한 시각을 통해서 그들이 평화주의를 변호하는 한, 그들은 성직자들과 정치가들의 단편적 견해보다는 더 완전한 대답을 제시한다고 할 만하다.[191]

레이븐은 또한 전쟁에 대한 구체적인 신학적 고려 덕분에 신학이 학문적 서클을 넘어서 적실하게 될 수 있다고 믿었다. 수년 동안 그는 신념(belief)과 실천(practice) 사이의 관계와 관련된 "그런 문제들에 대한 가장 긴급한 것과 가장 대표적인 것으로서 전쟁에 대한 기독교

---

191) Raven, *War and the Christian*, op. cit., p.124.

적 태도에 관한 특별한 질문"을 갖고 있었다.[192] 그러나 그는 또한 그 문제에 대한 고려가 신학으로 하여금 신학이 오랫동안 행해왔던 것보다 더 사회적으로 중요한 것이 되게 하는 데 도움을 줄 수 있다고 주장했다.

> 신학자들의…… 저술은 그것이 학문적인 것으로 그리고 거의 적실성이 없는 것으로 간주된다는 사실에 의해 좌절되어왔다. 신앙의 의미에 대한 자신들의 이해를 깊게 하는 것보다는 오히려 그들이 신앙을 받아들였던 것처럼 그 신앙이 무사히 유지되는 데 관심을 가진 그들의 동료 그리스도인들은 해결을 요구하는 몇몇 구체적인 문제들의 경로를 따라서 신앙에 접근함으로써 신앙에 대한 갱신된 이해를 발견할 것이다. 우리는 전쟁이 그런 문제라고 주장해왔다. 그것을 연구하는 것은 특별한 문제를 해결할 뿐 아니라, 교회들의 사고를 계몽하고, 깊게 하고, 일치시킬 것이다.[193]

신학의 이러한 영향력 확장이 일어날 수 있음을 확신하며, 레이븐은 신학적 전문용어와 학문적 참고문헌을 사용하지 않으려고 애쓰면서 의도적으로 대중적 스타일로 전쟁에 관한 책들을 저술했다. 심지어 그는 1942년에 평화를 주제로 한 런던 주교의 사순절 묵상집(Lent Book)을 집필하도록 제의받았다.

1930년대에 이미 목회자로 활동하던 사람들의 소장 도서에 대한 아주 간단한 연구는 레이븐이 최소한 이 두 번째 단계(설교자들)에서

---

192) Raven, *The Theological Basis of Christian Pacifism*, op. cit., p.1.

193) Raven, *War and the Christian*, op. cit., pp.182-183.

의사소통하는 것이 실로 성공적이었음을 보여준다. 게다가, 널리 판매된 평화주의에 관한 책들의 저자로서, 그리고 그 주제에 관한 공공 연설자 및 설교자로서, 그는 스스로 이러한 의사소통 단계의 일부였으며 그 결과로 세 번째 단계(청중들)에 영향을 주었을 가능성이 있다. 게다가, 케임브리지에서의 비중 있는 교수직은 그로 하여금 다음 세대의 설교자들과 직접적인 접촉을 가능하게 해주었을 것이다.

더욱 중요한 것은, 평화주의에 관한 레이븐의 저작이 이전에 두 번째, 세 번째 그리고 심지어 네 번째 단계에서조차 부족했던 일정 정도의 종교적 학문적 적절성을 평화주의에 잘 부여했으리란 점이다. 동시에 전쟁에 대한 전망이 증가하던 1930년대에, 무정부주의자들이든지 겁쟁이들이든지 상관없이 모든 평화주의자들을 동일시하는 것은 정치적 방편이었을 수 있다. 그러나 레이븐 같은 사람들이 그 주장을 지지함으로 인해, 이러한 비난들이 쉽지 않게 되었다. 그는 평화주의자는 겁쟁이들이라는 비난을 반박하기 위해 제1차 세계대전에 군목으로 참전한 자신의 경험을 사용하는 것을 결코 주저하지 않았으며, 그의 교수직(chair)은 명시적으로 무정부주의자라는 비난을 반박할 수 있었을지도 모른다. 종교 지도자들이 뉴질랜드에서 노동당을 위한 정당성을 공급했다는 클레멘츠의 주장처럼,194) 심지어 규범적으로 교회와 연결되어 있지 않은 사람들에게조차도, 레이븐과 다른 이들이 1930년대 동안 영국에서 평화주의의 정당성을 제공했다고 주장할 수 있다.

사회적 중요성을 지닌 다양한 유형이 전반적으로 출현하기 시작한다. 어쨌든 신학이 현대 영국에서 '핵심적' 변수로서 작용한다고 주장

---

194) Clements, op. cit.을 보라.

하는 것과는 별개로, 때때로 신학이 태도들을 형성하는 데 사회적으로 중요할 수 있다는 분명한 가능성이 떠오른다. 1930년대 당시 교회 밖에 있던 사람들은 실제로 그의 책들을 읽는 것은 고사하고 레이븐에 대해 결코 들어보지도 못했을 수 있지만, 그럼에도 불구하고 레이븐은 그 당시에 평화주의의 일반적인 정당성을 제시하는 데 중요한 공헌을 했을 수 있다.

아주 유사한 논변이 평화주의 신학자 개인이 아닌 철저한 평화주의 종파에 대한 분석으로부터 제출될 수 있다. 예를 들면, 만일 누군가가 현대 퀘이커교도들과 현대 여호와의 증인들을 비교한다면, 신학적 고려사항들이 전쟁에 대한 그들의 특별한 반응들을 결정할 수 있다는 것과 이와 반대로 이러한 반응들이 대체로 사회 내에서 중요할 수 있다는 것을 주장할 가능성이 있다. 물론, 그런 주장들을 너무 과대평가하지 않는다면 — 결국 사회에서 대부분의 사람들은 철저한 평화주의자나 혹은 심지어 선택적 평화주의자가 아니다 — 때때로 신학이 하나의 독립변수로 작용할 수 있다는 진지한 가능성이 제시될 수 있다.

전쟁에 대한 여호와의 증인들의 반응은 구체적인 신학적 고려사항들이 결정적일 수 있는 방식에 대한 특별히 놀라운 실례를 공급한다. 엄밀히 말해, 만일 재림하시는 그리스도가 요청한다면 그를 위해 싸울 것이기 때문에, 그들은 철저한 평화주의자들이 아니다.[195] 그럼에도 불구하고, 실제적으로, 그들은 현대의 모든 종파적 그리스도인들 가운데 가장 단호한 병역거부자들인 것이 증명되었다. 그래서 지난 전쟁 동안에 미국에서 메노나이트 교인들, 퀘이커교인들, 여호와의 증인들 이 세 그룹들 가운데서 징병에 참여하거나 등록하기를 가장

---

195) Bryan Wilson, *Religious Sects*, Weidenfeld & Nicolson, 1970, p.114를 보라.

꺼린 그룹은 여호와의 증인들이었다. 그리고 그 결과 약 5,000명이 감옥에서 복역했다.196) 일반적으로 자신들을 평화주의자로서 평가하기를 회피하기는 하지만, 여호와의 증인들은 사실상 서구에서 가장 급진적인 평화주의 종파이다.

평화주의라는 꼬리표를 피하려는 그들의 경향과 그들의 실제적인 철저한 평화주의 모두는 그들의 신학적 신념들, 특히 임박한 종말을 포함하는 신념들의 산물들인 것처럼 보인다. 하나님의 나라가 1914년에 시작되었다는 그들의 예언이 가시적 형태로 실현되지 않았기 때문에, 비록 철저한 평화주의에 대한 그들의 이해가 약간 변화되었다 하더라도, 최소한 그들은 여전히 임박한 우주적 재난에 관한 신앙을 기초로 삼는 것이 분명해 보인다. 브라이언 윌슨은 그들이, 1914년을 그리스도와 '기름 부음을 받은 계급'에 속한 몇몇이 통치하기 시작한 하늘의 비가시적 왕국의 시작으로 이해하기 시작했다고 주장한다.

아직까지 144,000명 모두가 죽지 않았다. 그러나 어떤 이들은 지상에 남아 있으며, 최소한 이들 가운데 어떤 이들이 하늘의 영역으로 이동될 때까지, 세상이 사단의 활동들을 점점 더 경험하고 있는 중간기(interim)가 있다. 일하시는 그리스도는 민족들을 심판하시며 이 심판의 기초는 왕국의 메시지와 왕국의 사자들, 즉 여호와의 증인들을 향한 민족들의 태도이다. 그 메시지를 거절하며 그 메시지를 전하는 사람들을 핍박하는 자들은 아마겟돈(다가올 전쟁)에서 처형받을 염소들이다. ……수백만 명이 죽을 것이며, 게다가 여호와를 반대한 모든 사람들이 죽게 될 것이다. 그 후에 144,000명과 함께 새

---

196) Yinger, op. cit., p.467을 보라. Peter Brock, *Twentieth-Century Pacifism*, Van Nostrand Reinhold, 1970 참조.

하늘이 나타날 것이며, 여호와께 충성한 다른 사람들과 죽음에서 부활한 사람들이 사는 새 땅이 나타날 것이다. ……천년의 마지막 때에 더 큰 심판이 이전에 하나님의 메시지를 들을 기회가 없었던 사람들이 행한 선한 일을 시험할 것이다.[197]

윌슨은, 세상으로부터의 분리를 유지하라는 명령들 때문에서보다는 훌륭한 증인이 왕국 회관에서 모이고 그 운동을 선전하느라 바쁠 것이기 때문에, 그들이 인간들 사이의 전쟁들에 대한 것을 포함하여 사회에 최소한으로만 상관할 것이라고 생각한다.[198] 의심할 여지 없이, 그 멤버들에게 교리적 실제적 일치를 강요하는 출판 사업을 중심으로, 그들의 매우 통제된 조직은 그들의 사회학적 이해에서 결정적이다.[199] 그럼에도 불구하고, 방금 개요를 설명한 신념들의 관점에서 보면, 여호와의 증인들이 어떤 식으로든 정치적 전쟁에 참여하지 않으려 하거나 혹은 심지어 평화주의의 정치적 도덕적 용어들에 묘사된 이러한 거리낌(unwillingness)을 가지려 하지 않는 것은 놀라운 일이 아니다. 이런 해석 위에서 전쟁에 대한 그들의 거부는 그 자체로 전쟁에 대한 도덕적 거부로부터가 아니라, 모든 정치적 실재들과 '이런 세속적' 실재들을 부적절하게 만드는 신학적 입장으로부터 비롯된다. 현세의 인간적 구조들이 언제라도 파괴될 것이라는 급진적인 '중간기 윤리(interim ethic)'가 주어진다면, 1세기 그리스도인들에게 그러했던

---

197) Wilson, op. cit., pp.112-113.

198) ibid., p.115.

199) James A. Beckford, 'The Embryonic Stage of a Religious Sect's Development: The Jehovah's Witnesses,' in Michael Hill ed., *A Sociological Yearbook of Religion in Britain*, SCM, 1972, James A. Beckford, *The Trumpet of Prophecy*, Blackwell, 1975을 보라.

것처럼, 인간 전쟁에의 참여는 무의미한 것이 될 것이다.

그런 분석은, 여호와의 증인들의 경우에, 신학적 고려사항들이 전쟁에 대한 특별한 반응들을 형성하는 데 독립변수로 작용할 수 있는 명백한 가능성을 보여준다. 현대 퀘이커교인들의 경우, 그들의 역사적 발전에서의 다른 요소들(특히 주로 일반 사회에 의한 그들의 상대적인 수용)이 그들의 철저한 평화주의의 '대표적인' 형태 그리고 정치적으로 적극적인 형태를 형성하는 데 도움을 주었을 수 있기 때문에, 이런 증거는 그렇게 명백한 것이 아니다.200) 그러나 그것들과 함께라고 할지라도, 개인적 양심에 관한 그들의 신학적 이해가 이런 평화주의를 결정했을 가능성이 있는 듯 보인다. 확실히 성공회나 로마 가톨릭과는 달리, 양심적인 퀘이커교인은 외적 권위의 증거에 기대어 특정 전쟁을 '정당한' 것으로 수용하기가 어려울 것이다. 심지어 과거에 전쟁에 참가했던 소수의 퀘이커교인들조차도 내가 말하는 두 번째 이념형(b)보다는 세 번째 이념형(c)을 승인하는 경향이 있었다.201)

그것은 또한 전쟁에 대한 퀘이커교인들의 태도가, 전에는 평화주의자들에게 동정적이지 않았을 사람들에게 영향력을 끼치게 했던 것이 바로 개인적 양심에 대한 그들의 강조라는 점은 충분히 가능성 있다. 영국의 맥락에서, 베인튼은 "양심에의 충성을 따르는 퀘이커교인들이 정부에게 양심의 권리에 대해 확신시켰으며 1802년에 처음으로 이러한 기초 위에서 병역의 면제가 주어졌다"고 주장한다.202) 또한 윌슨은 19세기 이후로 자선에 관한 그들의 강조가 퀘이커교인의 양심의 표현이었다는 사실을 주장하면서, "제1차 세계대전에서 비전투요원들

---

200) Bainton, op. cit., p.157, and Brock, op. cit.를 보라.

201) ibid., p.157f.

202) ibid., p.161.

로서 그들이 행한 선한 일로 인해 그들의 평화주의 원리를 공유하지 않았던 많은 이들에게서 존경을 얻었다"고 주장한다.[203]

퀘이커교도들의 평화주의가 사회 내에서 독립변수로 작용할 수 있었던 적어도 두 가지 방법이 등장하게 된다. 19세기까지 그들은 정치적으로 적극적이었으며, 그들의 숫자에 어울리지 않는 뚜렷한 영향력을 발휘하면서, 그 이후로도 그렇게 살아남았다. 그 결과, 전쟁에 대한 특별한 이슈에 관해서, 그들은 단순히 양심적 반대자들의 법적 정치적 인정을 위해서뿐만 아니라 전쟁 중인 국가들 사이의 화해를 위해서도 캠페인을 벌였다. 퀘이커교 본부가 방문 외교관들 사이의 비공식적 대화를 촉진시키기 위해 뉴욕에 있는 UN 건물들 옆에 자리 잡고 있는 것은 우연한 일이 아니다.[204]

그럼에도 불구하고, 정치적 행동 그 자체가 그들이 사회 내에서 영향력이 있다는 점을 증명해온 유일한 방법은 아니었을 수 있다. 그들이 평화주의에 중요한 종교적 도덕적 정당성을 공급했다는 주장이 가능한 듯이 보인다. 여호와의 증인들이 인간들의 전쟁에 참여하기를 거부한 일은 분명히 그들의 급진적인 종파적 신념들과 너무나 깊게 연결되어 있어서 그 멤버들이 아닌 많은 사람들에게는 진지하게 여겨지지 않는다는 점은 명백하다. 다른 한편, 퀘이커교인들의 전쟁에 대한 거부는 오히려 더 광범위한 호소, 즉 개인적 양심이라는 요소(비록 급진적이기는 하지만)를 포함한다. 이러한 호소가 그들의 눈에 띄는 자선 사업들과 결합될 때, 그 호소가 사회적 중요성을 갖는 것은 실제적으로 가능한 일이 된다.

---

203) Wilson, op. cit., p.181, 하지만 Brock, op. cit., p.20을 보라.
204) Yinger, op. cit., p.468을 보라.

내가 믿기에, 비록 신학이 그 자체로 사회적으로 결정되는 것이기는 하지만, 여기서 신학은 때때로 사회 내에서 독립변수로 작용할 수 있는 강력한 가능성으로 사회학자에게 소개되고 있다. 나는 다음 장에서 하나의 사례 연구와 관련하여, 이러한 가능성을 좀더 탐구할 것이다.

제 5 장

'신에게 솔직히' 논쟁의 사회적 중요성

나는 신학이, 심지어 현대 신학조차도, 때때로 사회적으로 중요하게 될 가능성이 있다고 주장해왔다. 즉, 신학의 영향력은 때때로 학문적 신학자들의 제한된 경계와 심지어 일반 학문 공동체의 경계를 넘어서는 데까지 확장될 수 있다. 만일 이러한 가능성이 인정된다면, 신학에 대한 사회적 설명은 지금까지 종교사회학자들에 의해 수용된 것보다 더 진지하게 수용되어야 할 것이다. 이런 주장을 펴면서, 본 장은 비록 신학적 관념들이 항상 저자들이 의도한 방식대로는 아니라하더라도, 사회에서 독립변수로 작용할 수 있다는 것을 보여주고자하는 희망에서 하나의 사례 연구에 초점을 맞추려고 한다.

지난 20여 년간 서구 기독교 신학 내에서 여러 운동들이 이 점을 입증했는데, 몇몇 운동들은 서로 상당한 상호연결을 보여주었고 다른 운동들은 서로 배타적인 것으로 나타났다. 예를 들면, 지난 20여 년 동안 한편으로는 신정통주의 신학들과 다른 한편으로는 자유주의 신학들 사이에 지속적인 논쟁이 있었다. 전자의 어떤 형태들은 바르트의 지속적인 영향력에 매우 의존했고 후자의 어떤 형태들은 불트만(Rudolf Bultman)의 영향력에 매우 의존했다. 이에 더하여, 과정신학을 포함한 여러 철학적 신학의 형태들은 최소한 신학계 내에서는 영향력이 있는 것으로 증명되었다. 가장 최근에 정치신학의 다른 형태들은, 최소한 제3세계로부터 자극을 받으면서 서구에서 하나의 새로운 부흥을 이루었다. 여기서 지난 20여 년 동안에 발견되는 신학의 모든 다른 형태들에 대해 소모적인 설명을 하는 것은 적절하지 않겠지만, 그러한 신학 형태들이 특별한 교단들에 한정되어 있는 경우는 매우 드물다는 점을 언급하는 것은 적절할 것이다. 가장 주요한 신학운동들의 옹호자들은 개신교이든 가톨릭이든 간에 각 교단에서 발견된다.

학문적 신학 세계와 교계 양쪽에 거대한 영향력을 야기했던 하나의 신학 운동은 '세속'신학 운동이었다. 이 명칭은 — 복음서를 '비신화화'하려는 시도들로부터, 세속화 과정에 반응하려는 시도들, 그리고 가장 철저한 '사신'신학까지를 포함하면서 — 명백하게 확산되는 일단의 저술들을 포함하고 있지만, 편의상 그 명칭은 1960년대 동안에 기독교적 신념을 비판적으로 숙고했던 급진적 신학자들의 활동을 가리킨다. 게다가 세속신학 운동은 (정치신학에서처럼) 신념의 '추이(sequelae)'에 대한 혹은 (철학적 신학에서처럼) 신념의 선례에 대한 집중이라기보다는, 신념에 대한 신학자들의 집중 그리고 구분 가능한 하나의 신학운동으로서 그것들을 한데 묶는 이 신념에 대한 신학자들의 급진적 취급(물론 그것들이나 1960년대에 제한된 것은 아니지만)둘 다를 포함했다.

신학 및 교회 세계에 대한 그들의 영향력은 — 문헌의 양과 그 문헌들이 야기했던 논쟁이라는 관점에서 측정하자면 — 20년 동안의 어떤 다른 신학 운동이 끼친 영향력보다 더 컸다. 세속신학의 신학적 장점들이 무엇이든지 간에(여기서는 별로 관련된 주제가 아니지만), 그 운동은 지식사회학자에게 진정한 관심의 대상일 수 있다. 그 운동은 지식사회학자에게 사회적으로 구성된 지식이 어떻게 사회적으로 중요할 수 있는지를 관찰할 가능성을 보여준다.

본 장에서, 나는 '세속'신학 운동 내에서 그 자체로 하나의 중요한 요소인 『신에게 솔직히』 논쟁에 집중하려 한다. 다른 곳에서 나는 이 논쟁에 참여했던 몇몇 신학자들의 사회적 가정들을 분석하려고 시도한 바 있다.[205] 그 대신 여기서 나는 『신에게 솔직히』 자체에 대한 그 신학자들 및 다른 학자들의 반응에 초점을 맞출 것이다. 나는 그런 초점이 '세속'신학에 관한 좀더 일반적 분석보다 더 분명하게 신학적 요소들의 사회적 역할을 명료화하는 데 도움을 줄 것으로 믿는다. 의심할 여지 없이 『신에게 솔직히』에 대한 반응은 '세속'신학에 대한 일반적 분석과 완전히 분리되어서는 이해될 수 없지만, 최소한 사회학자에게 실험적으로 다루기 쉬운 주제를 제시할 수 있다.

선험적 정당화(A Priori Justification)

『신에게 솔직히』에 대한 예비적 독서나 그 책이 신학자들 사이에 불러일으켰던 논쟁조차도 사회학자에게 다수의 사회적 결정요소들을 보여줄 것이다. 게다가 폴 반 뷰랜(Paul van Buren) 및 존 녹스(John Knox)와 함께, 그가 세속화 과정의 일부이며 한 무리였다는 것은 가장 날카로운 로빈슨 비평가들 가운데 한 사람의 핵심적인 주장이었다. 그래서 내가 이전에 주장했던 것처럼[206] 마스칼(E. L Mascall)은

---

205) Robin Gill, *The Social Context of Theology*, Mowbrays, 1975, chap.3.

206) ibid., pp.55-56.

로빈슨을 "현대의 세속화된 인간의 견해를 세속화의 출발점으로 삼고 기독교계의 전통적 신앙이 그러한 세속화에 순응하기 위하여 완전히 변형되어야 한다고 주장하는 개신교 학파"에 속해 있다고 본다.207) 요컨대 마스칼은 단순히 세계가 '초자연적인' 것을 더 이상 수용할 수 없기 때문에 우리가 기독교를 '탈-초자연화(de-supernaturalise)'하도록 요구하는 압력을 받는다고 주장한다. 복음서가 세상에 순응하도록 강요받는 것이지 세상이 복음서에 순응하도록 강요받는 것이 아니다. 마스칼은 분명히 이것이 신학의 역할에 대한 완전한 오해이며 그의 판단에서 보면 로빈슨이 "현대세계의 견해에 대해 완전히 항복한 것"이라고 믿는다.208) 마스칼은 『신에게 솔직히』가 사회적으로 구성된 실재이며 사회적 맥락의 분명한 산물이라는 지식사회학자의 주장에 난점을 발견하지 못하는 듯 보인다.

마스칼의 분석에 일부 동의하기 위해서 마스칼의 암묵적 세속화 이론이나 로빈슨에 대한 마스칼의 특별한 신학적 비평을 수용할 필요는 없다. 정확하게 말하면, 로빈슨은 『신에게 솔직히』에서 자신이 이해한 대로의 현대의 개연성 구조들의 빛 아래서 글을 쓰는 것에 관심을 가졌기 때문에, 동시에 그는 분명히 현대의 개연성 구조들에 의해 결정되기 쉬웠다. 지식사회학 관점에서 그 책을 분석해볼 때, 그 책이 대부분의 신학 저술들 이상으로 더욱더 사회적으로 결정되었다는 분명한 표시들을 보여줄 것을 예상할 수 있다. 이러한 이해 위에서 사회적 적절성(social relevance)과 사회적 결정성(social determination)은 밀접하게 상호관련된다.

---

207) E. L. Mascall, *The Secularisation of the Gospel*, SCM, 1963.
208) Mascall, op. cit., p.viii.

　다른 한편, 마스칼의 『신에게 솔직히』에 대한 비평은 또한 그 책의 중요성에 대한 증거를 공급한다. 명백하게, 그는 폴 반 뷰렌의 『복음의 세속적 의미(The Secular Meaning of the Gospel)』[209]와 존 녹스의 『교회와 그리스도의 실재성(The Church and the Reality of Christ)』[210]이 그것들을 공격하는 데 헌신된 완벽한 어떤 책을 보장하기에 충분히 중요하다고 생각했다. 마스칼은 서문에서 "비록 『신에게 솔직히』가 출판될 때까지 일반 대중 및 교구 성직자 대부분에게 거의 알려지지 않았다 하더라도," 그 책들은 "미국과 영국의 여러 학계에서 발판을 획득하고 있었던 전통 기독교에 대한 한 급진적이며 파괴적인 태도에 관한 뛰어난 표현들"이라고 언급한다.[211] 이미 마스칼이 현대 신학 저작들에 대한 논박을 산출해내는 데 명성을 지니고 있었다는 것은 사실이다. 그래서 1962년에 그는 『아드리아에서의 업 앤 다운(Up and Down in Adria)』이라는 제목으로 『사운딩스(Soundings)』[212]라는 케임브리지 심포지엄에 대한 상세한 비평서를 썼다. 그리고 1963년에 그는 주로 브리지(A. C. Bridge)의 저서 『하나님의 이미지들(Images of God)』[213]을 논박하는 것과 관계가 있었던 『신학과 하나님의 이미지들(Theology and Images of God)』[214]이란 소책자를 발간했다. 그럼에도 불구하고, 그는 『신에게 솔직히』가 학문적 신학의 범위를 넘어서는 영향력을 갖고 있다고 믿었던 것이 분명하다.

---

209) Paul van Buren, *The Secular Meaning of the Gospel*, SCM, 1963.

210) John Knox, *The Church and the Reality of Christ*, Collins, 1963.

211) Mascall, op. cit., p.viii.

212) Alec R. Vidler ed., *Soundings*, Cambridge University Press, 1962.

213) A. C. Bridge, *Images of God*, Hodder & Stoughton, 1960.

214) E. L. Mascall, *Theology and Images of God*, Hodder & Stoughton, 1960.

『신에게 솔직히』가 그 책의 사회적 중요성을 위한 핵심적이고 명백한 증거를 공급한 신학 세계 및 교계에서 만들어낸 것은 정확히 말하자면 정신적 충격(trauma)이다. 로빈슨 자신은 후에 이러한 충격을 결코 예상하지 못했다고 주장했다.

> 명성의 폭발적 증가는 결코 추구되지도 기대되지도 않았다. 만일 시장을 이용하려는 욕망이 있었다면, (a) 나는 종교 출판사에 원고를 주지 말았어야 했을 것이고, (b) 그 책을 선보이면서 특별한 홍보 캠페인을 벌였어야 했을 것이며, (c) 그리고 나는 아주 다른 책을 썼어야 했을 것이다.[215]

그러나 출판되기 일주일 전에 그는, 편집자에 의해 '우리가 가진 하나님 이미지는 사라져야 한다(Our image of God must go)'라고 제목이 붙여진 원고를 「옵저버(Observer)」지에 기고했다. 확실히 그는 그 책에 대한 홍보를 위해서가 아니라, 오히려 "우리 시대의 지적 논쟁에서 한 명의 그리스도인으로서 진지한 수준으로 관여하기 위한, 교회의 일반 채널들 밖에 있는 진정한 기회"를 자신에게 공급할 것이기 때문에 이 글을 썼다고 주장했다.[216] 그럼에도 불구하고, 이러한 전반적인 주장은, 왜 그 책이 그렇게 큰 충격을 불러왔으며 또 그렇게 영향력 있는 것으로 나타났는지를 설명하는 데 도움을 줄,『신에게 솔직히』의 네 가지 비신학적 특징들을 무시하고 있다.

『신에게 솔직히』가 어떤 이유들에 의해 쓰였다 하더라도(그리고 아

---

215) John A. T. Robinson in Robinson and David L. Edwards ed., *The Honest to God Debate*, SCM, 1963, p.233.

216) ibid., p.234.

마도 로빈슨은 자신이 그 책을 썼을 때 그 책이 어떤 결과를 가져올지 혹은 심지어 어떤 대상을 위해 그 책을 쓰고 있었는지를 매우 깊이 고려하지 않았을 것이다), 신학 세계와 일반 세계에서 그 책에 대한 즉각적인 반향들은 대단했다. 캔터베리 대주교였던 램지(Michael Ramsey)는 신속하게, 매킨타이어가 당시에 주장했던 것처럼,[217] "부흥이 확산되기를" 추구하면서 그리고 요컨대 로빈슨의 교리적 입장을 수정하면서, 『옛 이미지와 새로운 이미지(Images Old and New)』[218]라는 팸플릿을 발간했다. 그 다음 해에 옥스퍼드 대학의 홀란드 강좌(Holland Lectures)에서 램지는 계속해서 같은 주제로 강의했지만 특별히 『신에게 솔직히』를 언급하지는 않았다.[219] 1969년 즈음에 그는 다음과 같이 썼다.

약 5년 전에 존 로빈슨 주교의 『신에게 솔직히』에 의해 신학계가 자극을 받은 이후로, 영국에서의 신학은 지금 우리가 볼 수 있는 오랫동안 확립되어온 편협성을 상당 부분 잃어버렸다. 그것은 아마도 우리들 중 어떤 이들로 하여금 무슨 일이 일어나고 있었는지를 파악하는 데 느리게 한 편협성이었을 것이다. '신 신학자들'(new theologians)이라고 불리는 몇몇 사람들이 세속 세계와 타협하는 신학들을 고안하고 있었던 것은 아니었다. 오히려 그들은 흔히 서투르며 혼란스런 방법들로 이미 기독교 세계 내에서 그리고 그 세계를 넘어서 강력하게 움직이고 있는 난관 및 경향들과 만나기를 시도하고 있었다.[220]

---

217) Alasdair MacIntyre, *Against the Self-Images of the Age*, Duckworth, 1971 p.25.

218) A. M. Ramsey, *Images Old and New*, SPCK, 1963.

219) A. M. Ramsey, *Sacred and Secular*, Longman, 1964.

『신에게 솔직히』가 만들어낸 충격은 즉각적이었고 광범위했다. 그 결과, 종교 출판사들 사이에 전례 없는 관행을 만들어졌다. 그 책이 출판된 지 수 주일 내에 종교교육출판사(the Religious Education Press)는 "로빈슨 박사의 오류들과 개략적인 신앙의 재진술"을 논박하려고 시도하면서, 클라크(O. Fielding Clarke)의 책 『그리스도를 위하여(For Christ's Sake)』를 출판했다.[221] 클라크는 자신의 교구 활동으로부터 잠시 시간을 내어서 단 4주 만에 『신에게 솔직히』에 대한 각 장별 비평을 아주 모질게 썼다. 1963년 3월 19일에 그 책을 출판했던 기독교 학생운동 출판사(The Student Movement Press)는 그해 말이 되기 전에 『신에게 솔직히 논쟁』이라고 명명된 283쪽 분량의 반응을 발간해 냈다. 이 책은 『신에게 솔직히』에 의해 야기된 이슈들과 관련된 다수의 새로운 논문들과, 그 책의 발간 이후에 로빈슨 앞으로 전달된 50개의 서신들 및 그 책에 대한 비평들 23개를 포함했다. 게다가 전 세계에 걸쳐, 신학 저널들이 그 책을 비평했다. 그 책들로 인해 출간된 다른 신학자들의 일련의 책들, 그리고 『신에게 솔직히』를 옹호하고 비판하는, 다른 출판사가 펴낸 책들이 있었을 뿐 아니라[222] 마침내 SCM 출판사는 로빈슨의 저작들, 특히 1965년의 『새로운 종교개혁?(The New Reformation?)』과 1967년의 『하나님에 대한 탐구(Exploration into God)』 같은, 그의 기독교 '정통주의'에 관한 다수의 이어지는 방어적 저작들을 발간했다. 1960년대 말 즈음에 그 책을 언

---

220) A. M. Ramsey, *God, Christ's Sake*, Religious Education Press, 1963.

221) O. Fielding Clark, *For Christ's Sake*, Religious Education Press, 1963.

222) 예를 들어 J. I. Packer, *Keep Yourselves from the Stern*, SCM, 1963, Clark, 1963, Alan Richardson, *Four Anchors from the Stern*, SCM, 1963, Clark, op. cit., Ramsey, 1963, op. cit.

급하는 책들은 드물게 나타난 편이지만, 1, 2년 동안 그 책을 인식하지 못한 신학 저자들은 극히 드물었다. 신학 세계에서 이와 비교할 만한 충격은 좀처럼 없었다.

이러한 충격에 더해 『신에게 솔직히』로부터 야기되는 비슷한 충격이 신학계 바깥에서도 나타났다. 게다가 그것이 신학계 바깥 세계에 관심과 논쟁을 창조했다는 사실은 그것이 사회적으로 중요하다는 주장에 대한 선험적 정당성(a priori justification)을 제공해준다. 마이클 램지는 텔레비전에서 공개적으로 로빈슨을 비판했다.223) 이는 성공회 대주교가 자신의 주교들 가운데 한 사람에 대하여 취한 유별난 조치였다. 유틀리(T. E. Utley)는 「선데이 텔레그라프(Sunday Telegraph)」에서 다음과 같이 질문했다. "하나님을 믿지 않는 성공회 주교에게 어떤 일이 일어나야 하는가?"224) 루이스(C. S Lewis), 마스칼, 플로(A. G. N. Flew), 줄리안 헉슬리(Julian Huxley) 경, 카펜터(E. Carpenter), 밀포드(T. R. Milford)는 그 책에 관한 글을 「옵서버」지에 기고했다.225) 브라이언 그린(Bryan Green)은 「버밍엄 포스트(Birmingham Post)」지에 글을 썼으며, 헤이슨(R. C. Hason)은 「아이리시 타임스(Irish Times)」지에, 루돌프 불트만은 「디 차이트(Die Ziet)」지에, 에반스(C. F. Evans)는 라디오에서 견해를 피력했다.226) 드물게도 한 권의 책에 대해 수많은 학문적 신학자들, 원로 성직자들 및 다른 이들이 논쟁을 했다. 대중매체에서는 거의 없는 일이었다. 『신에게 솔직히』가 출간된 지 불과 몇 달 후에, 데이비드 에드워즈(David Edwards)는 이렇게 주목했다.

---

223) Independent Television, 31 March 1963.

224) *The Sunday Telegraph*, 24 March 1963. *The Honest to God Debate*, op. cit., p.95를 보라.

225) *The Honest to God Debate*, op. cit.을 보라.

226) ibid.

그 책은 세계 역사상 진지한 신학에 관한 어떤 새로운 책보다도 더 빠르게 판매되었던 것으로 보인다. 이미 35만 권 이상이 영국, 미국, 호주에서 인쇄되고 있으며, 이 책은 또한 독일, 프랑스, 스웨덴, 네덜란드, 덴마크, 이탈리아 및 일본에서 발간되고 있다. 토론은 책의 독자 수보다 훨씬 더 널리 퍼졌다. 텔레비전 프로그램들과 라디오 방송프로들, 만화 및 풍자적인 농담들, 신문 인용과 비평들, 설교문과 편집자에게 보내는 편지 들은 그 논쟁의 규모를 확대시켰다.[227]

대부분의 신학 연구나 종교 연구들과는 달리, 『신에게 솔직히』가 베스트셀러가 되었다는 사실과 그 책이 천 명 이상의 사람들을 자극시켜 로빈슨에 대해 글을 쓰게 만들었다는 사실은 다시금 그 책이 사회적으로 중요한 것이었음을 가리킨다. 『신에게 솔직히 논쟁』에 수록된 것들 가운데 몇몇과 리즈(Leeds) 대학교에서 내용 분석을 한 모든 것은, 비록 다소간 파벌의식이 담겨 있기는 하지만, 비신학적 대중에 대한 그 책의 영향력에 관한 풍부한 증거자료를 제공해준다. [마치 도날드 코간(Donald Coggan) 대주교의 『국가로의 부름(Call to the Nation)』이 촉발한 27,000통의 편지가, 비록 파벌의식이 있었지만, 이미 이런 대중의 징후를 제공하고 있었던 것처럼 말이다.][228] 더욱이 사람들이 그 책을 사고서 읽지 않은 채 방치한 게 아니라면, 그렇게 많이 팔렸다는 사실 자체가 그 책의 영향력이 학문적 신학의 범주를 훨씬 넘어서는 데까지 확장되었다는 강력한 표지이다.

마지막 한 가지 증거가 더 언급되어야 한다. 「옵서버」지에 기고한

---

227) David L. Edwards in ibid., p.7.

228) John Poulton, *Dear Archbishop*, Hodder & Stoughton, 1976, p.149f 참조.

그의 초기 원고와는 거리가 먼 것으로, 『신에게 솔직히』에 의해 생겨난 충격의 직접적 결과로서, 로빈슨은 다양한 '대중적' 신문들과 저널들에 기고해달라는 제안을 받았다. 그래서 그는 「선데이 미러(Sunday Mirror)」, 「더 선(the Sun)」, 「TV 타임스」와 「팃빗츠(Tit-Bits)」지에 글을 기고했다. 여기서 그는 학문적 신학자들에 의해 좀처럼 직접적으로 영향을 받지 않았던 청중과 만날 수 있었던 것으로 보인다.

전체적으로 보면, 이러한 다양한 증거들은—그 요소들 대부분이 『신에게 솔직히』에만 독특한—그 책의 사회적 중요성에 대해 강력하고 분명한 증거를 제공하는 듯이 보인다. 물론, 그 책이 또한 사회적으로 결정되었음을 제시하는 강력한 증거가 있다(비록 방법론적으로 모든 개념을 사회적으로 구성된 것으로 간주하는 사회학자가 아니라 할지라도 강력하게 받아들일 수 있는 증거 말이다). 하지만 사회에 의해서 많은 영향을 받았다 하더라도, 이와 반대로 『신에게 솔직히』는 사회에 영향을 끼쳤던 듯이 보인다. 만일 비신학적 대중에게 영향력을 끼치는 신학 연구의 사례가 있다면, 이 책이 그러한 사례로 여겨진다. 게다가 그 책이 독립변수로 작용했다는 주장에는 선험적 정당성이 있는 듯이 보인다.

『신에게 솔직히』의 역설

그럼에도 불구하고, 『신에게 솔직히』는 또한 어떤 역설을 만들어낸다. 그 책에 대한 내용 분석은 신학을 전공하지 않은 독자에게 너무 전문적이며, 심지어 그 책에 있는 핵심 개념들 중 몇몇 개념들조차도 분명하고 간결하게 다듬어지지 않은 듯 보이는 특징들을 보여준다.

그 책이 그런 광범위한 청중에게까지 영향을 끼치는 '베스트셀러'가
되는 걸 의도하지 않았다는 로빈슨의 자주 반복되는 주장은 옳은 듯
이 보인다. 확실히, 만일 『신에게 솔직히』를 로빈슨의 더욱 '대중적
인' 몇몇 글들과 문체상으로 비교해본다면 분명한 차이점들이 나타난
다.229) 그 책의 중요한 내용의 간략한 개요를 살펴보는 것은 가치 있
는 일이다.

『신에게 솔직히』의 내용은 다음의 네 개의 항목들 하에 배치된다.
하나님, 그리스도, 기도, 도덕성. 세 장은 첫 번째 주제(하나님)에 대한
것이며 단지 한 장만이 다른 세 주제들을 다루고 있다. 마지막 장인
'틀 고치기(Recasting the Mould)'는 로빈슨의 주제들 가운데 몇몇을
반복하지만, 그것 역시 주로 하나님의 형상들과 관계가 있다. 그래서
신학자들 사이에 일어난 그 이후의 많은 논쟁이 유신론적 형상들과
모델들을 중심에 두었다는 점은 놀라운 일이 아니다. 그러나 이상하
게도 비신학적 독자들에게 가장 어려울 수 있었던 것이 정확하게 그
책의 이런 특징이다. '기계 장치 신(deus ex machina, 갑자기 기적적으
로 등장해서 어려운 문제를 해결해버리는, 논리적 이성적 한계를 메
우는 신을 말한다 ― 역자)', '비신화화(demythologizing)', '실존주의
(existentialism)', '존재(being)' 같은 개념들이 설명 없이 사용된다. 이에
더하여, 그는 일반 대중을 위해서라기보다는 신학자들을 위해 고안된
방식으로 틸리히(Paul Tillich), 불트만 및 본회퍼에 대해 빈번하게 언
급한다.

로빈슨은 문자적으로 혹은 물리적으로 "저 위에 계시는(up there)"
하나님 대신에, 우리가 우리의 정신적 내용의 일부로서, 영적으로 혹

---

229) John A. T. Robinson, *But that I can't believe!*, SCM, 1967을 보라.

은 형이상학적으로 "저 밖에 계시는(out there)" 하나님을 수용했기 때문에, 하나님에 대한 우리의 사고에서 '마지못한 혁명(reluctant Revolution)'이 있었다고 제안함으로써 시작한다.230) 이런 측면에서 비록 "우리 각 사람이 '저 밖에 계시는' 하나님, 세상 위에 그리고 세상을 넘어서서 '존재하시는' 하나님, 우리가 기도하는 대상이며 우리가 죽을 때 우리가 돌아가야 할 대상인 하나님에 대한 어떤 정신적 그림을 갖고 산다 하더라도, 우리는 우리의 조상들과는 매우 다르다."231) 일단 "저 밖에 계시는" 존재에 대한 어떤 개념을 포기하도록 요청받는다는 것이 하나님에 대한 명백한 부정으로 보인다는 것을 완전히 인식하고 있으면서도, 그는 이런 공간적 용어들이 현재 많은 사람들에게 침식되고 있으며,232) 그럼에도 불구하고 우리가 단지 이것을 행하도록 요청받고 있다고 주장한다.

틸리히처럼 로빈슨은 하나님의 존재에 대한 전통적 증거들이 부적절하다고 믿는데 그 이유는 그런 증거들의 결과가 "생각건대 거기에 계시지 않았을지도 모르는 단순히 '존재의 여분(a further piece of existence)'일 것이기" 때문이다.233) 그래서 제2장에서 그는 다음과 같이 주장한다.

우리는 반대로 시작해야 한다. 정의상 하나님은 궁극적 실재이다. 그리고 사람은 궁극적 실재가 '존재하는지'의 여부에 대해 주장할 수 없다. 사람은 단지 궁극적 실재가 무엇과 같은지 — 예를 들면 최

---

230) John A. T. Robinson, *Honest to God*, SCM, 1963, p.13.

231) ibid., p.14.

232) ibid., p.29.

233) ibid., p.29.

종적 분석에서, 사물들의 중심에 놓여 있고 사물들의 활동을 지배하는 것이 과연 인격적이거나 비인격적인 범주들로 묘사되어야 하는지의 여부—만 질문할 수 있다.[234)

그래서 틸리히와 함께 로빈슨은 불트만의 '비신화화' 프로그램과 본회퍼의 '종교의 하나님(God of Religion)'에 대한 비판들과의 유사성을 인정하면서, '어떤 존재(a Being)'로서의 하나님보다는 '존재 자체(Being)'로서의 하나님에 대해 말하기를 더 좋아한다. 그는 이러한 전통적 유신론의 해체가 "많은 사람들에게 상실감을 주고 '이 세상에 하나님이 없는' 상태를 방치하는 듯 보이며"[235) 무신론에 대한 책임을 자기 스스로의 탓으로 돌리는 것처럼 보임을 인식하지만, 그는 여전히 '지성적 신앙'의 관심에서 그것이 필요하다고 믿는다.

『신에게 솔직히』의 놀라운 특징들 중 하나는 처음 44쪽이 거의 전부 부정적이며 성상 파괴적이라는 점이다. 그 부분에서 로빈슨은 일련의 전통적인 하나님 형상들을 비판하고, 그 후에야 대안들을 제공한다. 이것이 그 책의 전반적인 영향력에 공헌했던 특징들 중 하나일 수 있다. 확실히 그는 '깊이(depth)'의 모델이 '높이(height)'의 모델보다 더 바람직하다고 주장하면서, 제3장에 가서야 비로소 틸리히가 주장하는 '우리 존재의 근원(The Ground of Our Being)'으로서의 하나님의 형상을 명료하게 선택한다.

이 단순한 대체(substitution)가 갑자기 많은 종교적 언어를 더 적실하게 만들 수 있다는 것은 의심할 여지가 없다. 오늘날 우리는 심층

---

234) ibid.
235) ibid., p.43.

심리학 및 궁극적 진리가 깊고 심오하다는 개념에 익숙하다. 더욱이, '높은 곳에 있는 영적인 악' 및 성경 저자들이 그것과 연결시키는 천사의 힘들에 대한 모든 신화가 현대인의 환상적 환영(phantasmagoria)인 듯이 보이지만, 프로이트에 의해 무의식에서의 충돌로 사용될 때, 이와 비슷하고 동등한 신화적 언어는 완전히 수용할 만한 것이 된다.[236]

틸리히와 함께 로빈슨은 자신의 출발점으로서 '깊이'라는 개념을 사용하면서, 하나님이 "모든 존재, 우리의 궁극적 관심, 무조건적으로 우리가 진지하게 취하는 것의 무한하며 무진장한 깊이와 근원"[237]이라고 주장한다. 이러한 주장이 포이어바흐가 신학을 인류학으로 변형시킨 것과 같다고 오해될 수 있다는 점을 인식하면서, 그는 "신학적 진술들은 인간 존재에 대한 확언들이다. 그러나 그것들은 그 존재의 궁극적 근원 및 깊이에 대한 확언들"이라고 주장한다.[238] 이러한 주장을 자연주의와 구별하면서, 그는 "'하나님'이라는 이름의 필연성은, 진화론적이거나 기계론적이거나 변증법적이거나 혹은 인본주의적이거나 간에, 자연주의가 인식할 수 없거나 인식하지 못하는 깊이를 우리 존재가 가진다는 사실에 놓여 있다"고 주장한다.[239]

앞의 세 장과 비교해서, 그리스도에 대해 씌어진 4장은 비평가들로부터 거의 관심을 끌지 못했다. 그러나 이 부분도 틸리히의 대안을 제공하기 전에 전통적인 신학적 형상들을 포기하기를 추구하기 때문

---

236) ibid., pp.45-46.

237) ibid., p.46.

238) ibid., p.48.

239) ibid., p.54.

에, 이 부분은 하나님에 관한 섹션과 구조상 비슷하다. 그래서 그것은
특징적으로 양식화된 설명으로 시작한다.

> 전통적 기독론은 솔직히 초자연주의적 틀과 함께 작용했다. 대중 종
> 교는 이것을 신화적으로, 전문적 신학은 이것을 형이상학적으로 표
> 현했다. 이러한 사고방식에 따르면 성육신은 하나님의 아들이 지상
> 에 내려왔으며 한 인간으로서 이 세상 안에서 태어나서 살다가 죽
> 으셨다는 것을 의미한다. '저 밖으로(out there)'부터 인간의 무대로
> 들어와서 '세상에 속하지(of it)'는 않았지만 세상 안에서 진정으로
> 그리고 완전하게 살았던 사람이 있다.[240]

로빈슨은 기독론에 대한 이러한 전통적 해석이, "예수는 태어나고
양육받은 사람이 아니라…… (산타클로스처럼) 사람처럼 보였고, 사람
처럼 말했지만, 아래에서 그는 가장한 하나님이었다"는 것을 거의 필
수적으로 제시하고 있다고 주장한다.[241] 여기에서도 역시 『신에게 솔
직히』가 독자들에게 전문적인 신학 용어들, 관용구적 형용사 및 풍자
만화의 이색적인 혼합을 제공한다는 사실이 명백하다.

이러한 부정적인 진술들로부터 이동하면서 그리고 이미 기독론의
순수한 자연주의적 해석을 거부하면서, 베일리(D. M. Baillie)[242]를 모
방해서, 로빈슨은 "예수는 하나님께 매우 철저하게 투명해짐으로써
하나님을 드러낸다"[243]고 주장한다. 틸리히를 떠올리게 하면서 그는

---

240) ibid., p.64.

241) ibid., p.66.

242) D. M. Baillie, *God Was In Christ*, Faber & Faber, 1956.

243) Robinson, op. cit., p.73.

다음과 같이 계속해서 주장한다.

> 전혀 보이는 자아가 아니지만, 오로지 하나님의 궁극적이며 무조건
> 적인 사랑이 있다는 것은 예수 안에서 그리고 오직 예수에게서만
> 그러하다. ……그가 하나님을 드러내는 것은, 그가 스스로 자신이
> 신격(Godhead)이 아니라, 스스로에 대한 관심에 초점을 맞추려는 어
> 떤 욕망, '하나님과 동등'하게 되려는 어떤 열망을 비우는 것이다.
> 그가 사랑으로서 인간 존재의 근원을 드러내고 해명하는 것은 자기
> 스스로 아무것도 아닌 것으로 만드는 것이며, 사랑 안에서 다른 이
> 들에 대한 그의 완전한 자기 복종이다.[244]

기독론의 성육신 이론에 대한 반전에서, 베일리 및 틸리히에게서
나온 이런 요소들의 결합은 아마 틀림없이 『신에게 솔직히』의 더 근
본적인 특징들 중 하나일 것이다. 그러나 그것은 비교적 신학자들로
부터 거의 관심을 받지 못했다.

제5장은 그의 견해들이 이미 신학자들 사이에 잘 알려졌던 영역들
인 기도 및 예배와 관련되어 있다.[245] 독특한 절차를 따르면서, 그는
비판적인 관찰로 시작한다.

> 분명하게 예식과 예배는 본질적으로 신성한 건물에서 발생되는 것
> 이고, 평범한 것이라기보다는 거룩한 것이며, '생명(life)'과 관련되어
> 있다기보다는 '종교(religion)'와 관련되어 있는 듯이 보인다. 그것들

---

244) ibid., pp.74-75.

245) John A. T. Robinson, *On Being the Church in the World*, SCM, 1960, 그리고 *Liturgy Coming to Life*, SCM, 1963를 보라.

은 '종교적 형태(the religious type)', '그런 종류 같은' 것들이나 '무언가 그것으로부터 나온' 것들에게 호소하는 그러한 경험의 영역이나 부문에 속하며, 게다가 실질적으로 그런 경험의 영역이나 부문을 구성한다.[246]

그는 성찬식이 너무나도 자주, 우리가 '저 밖에 계시는 하나님'과 '교제를 하게 하는' 개인주의적 헌신이 된다고 주장한다. 그는 그 대신 성찬식이 본질적으로 공동의 사건이라고 주장한다. 예배의 기능은 "궁극적 관심의 의미에 대한 근사치적 관심(애호, 자기이익, 제한된 헌신 등)의 의미를 넘어서 세상과 다른 사람들에 대한 우리의 반응에 초점을 맞추고 예리하고 깊게 하는 것이며, 그리스도의 사랑의 관점에서 우리의 사랑을 순수하게 만들고 고치는 것이며, 그리스도 안에서 화해되고 화해하는 공동체가 되도록 은혜와 힘을 발견하는 것이다."[247]

사적 기도에 관해서, 그는 "'세상'의 일로부터 '하나님과 함께하는' 것으로의 방향 전환"으로 생각하는 '수도원 영성(monastic spirituality)'의 형태에 대해 혹평한다.[248] 그것은 오히려 "세상을 관통하는 하나님께로의 침투(penetration through the World to God)"로 이해되어야 한다.[249] 다른 한편 전형적으로 틸리히식 용어들로 생각해보면, 그는 "다른 이를 위해 기도하는 것은 우리 존재의 공동의 근원에 대해 기도자 자신과 기도의 대상자 둘 모두를 노출하는 것이며, 그것은 궁극

---

246) Robinson, *Honest to God*, op. cit., p.85.

247) ibid., pp.87-88.

248) ibid., p.91.

249) ibid., p.97.

적 관심이라는 조건에서 기도 대상자를 위한 기도자의 관심을 보는 것, 하나님께서 관계 속으로 들어가시도록 허락하는 것”이라고 결론 짓는다.250)

　그가 살피고 있는 마지막 논지는 도덕성에 관한 것으로, “어떻게 초월자를 이해하는가, 즉 하나님의 교리에 대한 평가는 그 사람의 도덕성에 대한 견해를 동일한 도가니에 넣고 함께 녹이지 않고서는 불가능하다”고 그는 주장한다.251) 그러나 이 영역과 교리 영역 사이에는 결정적인 차이점이 있다. 그는 이 영역에 이미 대중 여론 차원에서의 혁명이 있었다고 믿는다. 결과적으로 “우리의 유일한 과제는 도덕성이라는 주제를 우리가 묘사했던 이전의 혁명과 정확하게 연결시키며, 도덕성이라는 주제에 대한 기독교적 태도가 어떠해야 하는가를 분별하는 것이다.”252) 그럼에도 불구하고, 로빈슨은 여전히 틸리히의 대안들을 뒤따르는 비판적 희화화의 방법을 고수한다. 그래서 윤리학에서의 이러한 혁명에 반응하여, 그는 다음과 같이 주장한다.

　　소란한 당혹감으로 그것을 환영하는 교회 내에서의 많은 목소리들이 있다. 종교적 제재는 힘을 잃고 있으며, 획기적인 도덕적 사건들은 홍수 아래에서 사라져가고 있으며, 국가는 위험한 상태에 있다. 이것은 기독교로부터 배교하는 마지막 기간이다. 조상들은 교리를 거부했고 자녀들은 윤리를 버렸다. ……기독교는 간단히 오래된 전통적 도덕성과 동일시된다.253)

---

250) ibid., p.99.

251) ibid., p.105.

252) ibid.

253) ibid., p.106.

그는 도덕성에 대한 그런 규범적 접근법들이 예수의 가르침을 왜곡
한다고 믿는다. 예수는 "사랑, 완전하고 무조건적인 사랑은 어떠한 타
협도 없다고 말씀하고 있다." "당신은 완전하고 무조건적인 자기를
내어줌보다 못한 것으로 만족될 수 있는 상황들을 미리 정의할 수 없
다."254) '상황윤리'라는 관점에서의 도덕성에 관한 이런 설명은 틸리
히의 용어로 다음과 같이 옮길 수 있다.

> 어떤 보편적 규범에 복종하기를 거부하거나 도덕성을 단순히 하나
> 의 사례로 다루는 것을 거부하면서, 그러나 그러한 독특한 관계의
> 깊이에서 신성한 것, 거룩한 것 그리고 완전히 무조건적인 것에 대
> 한 주장들에 대처하거나 반응하면서, 윤리학에서 이것은 모든 도덕
> 성의 특별성 안에서 실제적인 구체적 관계를 도덕적 판단들의 기초
> 로 수용하는 것을 의미한다. 그리스도인에게 도덕성은 우리 존재의
> 궁극적 근원으로서 그리고 모든 관계와 모든 결정의 근거로서, '타
> 자를 위한 사람(the man for others)'인 예수 그리스도의 무조건적 사
> 랑을 인식하는 것을 의미한다.255)

이는 여전히 플레처(Joseph Fletcher)의 '상황윤리'가 비교적 영국에
서 잘 알려지지 않았던 때에 씌어진 것으로, 도덕성에 관한 로빈슨의
견해들은 신학자들 사이에 상당한 논쟁을 야기했으며, 다수의 책들이
'새 도덕성(new morality)'(그가 이렇게 불렀던 것처럼)에 대해 논의했
다.256) 그러나 오래되지 않아 플레처 자신이 『상황윤리』를 출간함으

---

254) ibid., pp.111-112.

255) ibid., p.114.

256) 예를 들어 D. Rhymes, *No New Morality*, Constable, 1964. Paul Ramsey, *Deeds and*

로써 이러한 관심은 비껴나가게 되었다.[257] 그러나 얼마간 이 장의 영향력은 — 최소한 신학자들과 설교자들 사이에서는 — 처음 세 장의 영향력과 거의 맞먹을 정도로 컸다

마지막 장에서 그는 "의심할 여지 없이 내가 암암리에 기독교 신앙 및 실천을 모두 버린 것으로 보인다"[258]는 사실을 인정한다. 그러나 그는 그러한 변화들이 본질적인 것들이며, 그 변화들이 "있는 그대로의 복음의 근본적 진리"를 남긴다고 주장한다.[259]

> 나는 내가 말했던 그런 종류의 혁명을 우리가 준비하지 않는다면, 그것(기독교 신앙 및 실천)이 포기되어야 하는 상태에 이를 것이라고 믿는다. 그리고 그것은, 과거 시대에 속한 사고를 내던짐으로써 — 다른 강조점을 가지고, 불트만이 '신화적'으로, 틸리히가 '초자연주의'로, 본회퍼가 '종교적'으로 묘사한 사고를 내던짐으로써 — 형태를 갖출 것이기 때문에 그러하다.[260]

그는 우리가 모든 것이 녹여지도록 허용할 준비가 되어 있어야 하며, 심지어 "우리가 가장 소중히 여기는 종교적 범주들과 도덕적으로 절대적인 것들" 그리고 확실히 "하나님 자신에 대한 우리의 이미지"에 있어서조차도 그렇게 할 준비가 되어 있어야 한다고 주장한다.[261]

Rules in Christian Ethics, Scottish Journal of Theology Occasional Paper No. 11, 1965 참조. 또한 John A. T. Robinson, *Christian Morals Today*, SCM Booklet, 1964를 보라.

257) Joseph Fletcher, *Situation Ethics*, SCM, 1966.

258) Robinson, *Honest to God*, op. cit, p.123.

259) ibid., p.124.

260) ibid., p.123.

심지어 『신에게 솔직히』의 내용에 대한 이러한 요약은 대부분의 현대 해설가들이 설명하기에 거의 불가능하다고 생각하는 역설을 창조한다. 그 책은 저명한 신학자들(그중에서도 특히 모든 구성적 지점에 사용되는 틸리히 같은)에게 크게 의존하며 그들과 다른 학자들로부터 설명되지 않은 많은 전문적인 신학적 용어들을 사용한다. 그러나 그 책은 '베스트셀러'가 되었다. 게다가 『신에게 솔직히』를 구입한 사람들 가운데 많은 사람들이 그 책의 문체상의 난제들과 개념적 난제들에 직면하는 데 충분히 준비되었는지가 의심스러울 수 있다. 그 책이 특별히 신학 훈련을 받은 사람들(틸리히나 플레처에 철저하게 익숙하지 않았을 수도 있는 모든 사람들) 가운데서 큰 영향을 끼쳤다는 것을 충분히 믿을 수 있지만, 비신학적 세계에 미친 그 책의 영향을 보면 더욱 당황스럽다.

그래서 사회학자는 하나의 역설에 직면한다. 『신에게 솔직히』가 신학 훈련을 받은 사람들 가운데서 사회적으로 중요했다는 것을 사회학자가 수용할 수 있기는 하지만, 그는 그 책이 신학 훈련을 받지 않은 사람들에게도 비슷한 인지적 영향력을 가졌다고 주장하기는 어렵다는 사실을 충분히 발견할 수 있다. 심지어 그 책의 일반화된 사회적 중요성으로부터 촉진되었던 선험적 정당성이 실제로 이러한 난제를 해결하지 못한다. 오히려 그 책은 그러한 사회적 중요성을 고양시키는 데 공헌한다. 두 종류의 증거 ─ 한 종류의 증거는 『신에게 솔직히』가 정상적인 신학 서클을 넘어서 영향력을 충분히 끼쳤음을 제시한다. 그리고 다른 한 종류의 증거는 문체상으로 그리고 개념적으로 그 책이 신학 서클 밖에서는 이해될 수 없었을지도 모른다고 주장한

---

261) ibid., p.124.

다 ― 는 서로 대조적으로 나타난다.

이러한 뚜렷한 역설에 직면하여 그 증거는 『신에게 솔직히』의 영
향력을 엄격한 분석에 넘기라는 명령이 된다. 더 구체적으로, 내가 앞
에서 제안한 분석의 네 단계 ― 즉, 신학자들, 설교자들, 청중들 및 외
부인들 ― 라는 조건에서 그 책의 사회적 영향력을 평가하는 것이 중
요하다.

사회적 중요성의 네 단계

이전의 모든 증거라는 관점에서 보면, 『신에게 솔직히』가 신학자들
과 신학에 관심을 가진 학자들 사이에서 사회적으로 중요했다는 것은
의심할 여지가 없다. 자연히, 많은 사람들은 그 책에 대해 매우 비판
적이었으며, 한 명의 그리스도인으로서 그리고 한 명의 '유신론자'로
서 로빈슨의 위치에 대해 상당수의 사람들이 의문을 가졌지만 ― "로
빈슨 박사의 저술에 관한 놀라운 사실은 무엇보다도 그가 무신론자라
는 사실"이라는 것은 가장 잘 알려진 주장이다[262] ― 어떤 식으로든지
그 책에 반응하지 않은 사람은 거의 없었다. 그 책의 학문적 공적에
대해 어떻게 생각하든 간에, 대부분의 사람들은 그 책에 대해 비평하
고 논평하거나 단순히 언급함으로서 그 책 안에 있는 일반화된 관심
에 반응했다. 비록 많은 신학 저술들이 더 지속적인 조사를 요구할
수 있긴 했지만, 신학 세계 내에서 그런 강도 높은 조사를 받을 수 있
었던 신학 저술은 거의 없었다.

---

262) Alasdair MacIntyre in *The Honest to God Debate*, op. cit., p.215를 보라.

이미 지적한 바와 같이 『신에게 솔직히』의 두 요소는 신학자들의 특별한 관심을 받았다. 첫 번째의 가장 현저한 요소는 하나님의 이미지들에 관한 그 책의 관심이었다. 두 번째 요소는 도덕성에 관한 그 책의 관심이었다. 후자는 곧 '상황윤리'의 장단점에 대한 논쟁을 유발했으며 결과적으로 그 대신 플레처에게 초점을 맞추는 경향이 있었지만, 전자는 1960년대 말까지 사라지지 않고 몇 년 동안 계속해서 로빈슨을 논쟁의 중심에 두었다.

처음에 하나님의 이미지들에 관한 신학 논쟁은 로빈슨에 의해 제안된 틸리히적 언어가 기독교적 신념을 적절하게 표현하는가의 여부에 대한 인지적 이슈에 집중했다. 『신에게 솔직히』가 발간된 지 얼마 되지 않아 발간되었으며 『신에게 솔직히』에 직접적으로 의존하지 않았던 뷰렌의 『복음의 세속적 의미』는, 복음을 철저하게 '세속적' 용어들로 번역하려고 시도했기 때문에 이 논쟁을 더욱 더 자극했다. 로빈슨은 유신론적 언어를 '전염성이 있는 자유(contagious freedom)'에 관한 언어로 급진적으로 번역하는 것을 완전히 수용하지는 않았지만, 그는 그것을 그 논쟁에 대한 '중요한 기여'로 환영했다.263) 전체적으로 보면, 특히 이 두 책은 그 논쟁에 연루된 신념의 핵심적 이슈들을 고립시키려고 시도하면서 일련의 다른 책들을 자극했다.264)

그러나 오래 지나지 않아 『신에게 솔직히』에 대한 신학적 반응, 즉 세속화의 이슈에 초점을 맞춘 반응인 또 다른 이슈가 지배적이게 되었다. 내가 다른 책에서 보여주려고 시도했던 것처럼, 비록 '세속화'라는 용어가 『신에게 솔직히』 그 자체에서는 거의 나타나지 않지만,

---

263) Robinson in ibid., p.250를 보라.

264) 예를 들어 Alan Richardson, *Religion in Contemporary Debate*, SCM, 1966, David Jenkins, *Guide to the Debate about God*, SCM, 1966.

그 용어는 그 이후의 논쟁에서 꽤 자주 로빈슨에 의해 사용되었으며 그의 비평가들과 옹호자들 사이에서 똑같이 핵심적 이슈가 되었다.265) 명백하게 그의 초기 주장은 (a) 서구에서 뚜렷한 세속화 과정(혹은 그와 같은 어떤 것)이 있었다는 신념, 그리고 (b) 그리스도인들이 그 과정에 긍정적으로 반응해야 한다는 신념에 의존했다. 그 당시에 (a)에 대해 의문을 제기한 사람들이 거의 없었던 반면, 마스칼처럼266) 많은 학자들은 철저하게 (b)에 대해 반대했다.

이 분석의 첫째 단계는 사회학자에게 거의 문제를 제기하지 않는다. 신학이 본질적으로 기록된 학문이라는 나의 정의를 고려한다면, 사회학자는 『신에게 솔직히』의 사회적 중요성을 평가하기 위해 신학자들이 썼던 1960년대의 문헌에 주의를 기울여야 한다. 물론, 신학에 대해 내리는 나의 정의와 일치하게, '신학자들'이라는 용어가 의미하는 바는 그 책에 의해 비롯된 논지들에 관해 글을 쓰기로 선택한 학자들에 더하여 많은 성직자들을 포함한다는 사실이 분명해져야 한다. 전반적으로, 그 책은 영국 내의 현대 신학과 게다가 서구 세계의 많은 곳에서 신학에 엄청난 영향력을 끼쳤다고 여겨진다. 다른 신학 연구들은 거의 그런 즉각적인 결과를 얻을 수 없었다.

다른 세 단계들에서 『신에게 솔직히』의 사회적 중요성에 대한 분석은 그렇게 간단하지 않다. 여기서, 사회학자는 더 이상 그렇게 직접적으로 기록된 설명에 의존할 수 없지만, 그 대신 다른 표시들(indicators)을 찾아야 한다. 게다가 그 사회학자는 이미 살펴본 역설에 대해 설명해야 한다.

---

265) Gill, op. cit., chap.6를 보라.

266) Mascall, *The Secularisation of Christianity*, op. cit.

많은 설교자들이 신학 훈련을 받았으므로 그런 훈련을 받지 않는 사람들보다는 더 나은 이해력을 가지고 『신에게 솔직히』를 읽는다고 가정할 수 있다. 최소한 그들은 본서에서 사용되는 설명되지 않은 전문적인 신학적 용어들 중 몇몇에 익숙해져 있을 것이다. 확실히, 그들이 로빈슨에 의해 야기된 몇몇 인지적 이슈들과 특히 하나님의 이미지들과 관련된 이슈들에 반응했다는 표시들이 있다. 그 당시에 목회자로 사역했던 이들 거의가 이러한 이슈들에 관해 그들의 동료에 의해 표현된, 널리 확산된 염려에 주목하는 데 실패했다. 브라이언 윌슨은 1966년에 썼던 책에서 이것을 잘 묘사했다.

현대 사회의 회의주의는 성직이라는 직업에 심오하게 영향을 끼쳤다. 종교적 명제들이 참이라는 다른 단계들 — 즉, 상식적 단계와 문자적 단계와는 다른 단계들 — 을 발견하려는 시도는 현대적 의미에서 종교에 대한 다양한 교권적 해석들로 이어졌다. 현재 성직자들은 그들이 이전에 물리적 질문들에 대해서 행했던 것처럼, 그들이 사회적 질문들에 대해 제공할 수 있는 어떤 대답들의 궁극성을 믿지 않는 데까지 이르렀다. 경험적 정보의 범위가 증가함에 따라, 그 정보에 대한 지식의 획득과 그 정보를 분석하며 해석하는 기술들은 성직 교육의 범위를 넘어섰다. 현대 지식의 상대성에 대한 인식으로 인해 성직자는 종교의 지성적 내용을 더욱더 보호하고 덜 확신하게 되었다.[267]

이 인용문은 이후의 많은 사회학자들이 수용하기 어려운 것으로 이

---

[267] Bryan Wilson, *Religion in Secular Society*, Pelican, 1969, p.96.

해했던 가정들로 가득 차 있다. 그래서 게다가 '현대 사회'는 회의적
이며 윌슨의 철저한 세속화 모델의 전반적인 맥락 내에 배치되어 있
다고 가정한다.268) 더욱이 윌슨은 혹자가 종교적 명제들이 진실일 수
있는 '상식적' 단계나 '문자적' 단계들과 '다른' 그런 단계들 사이를
구별할 수 있다고 분명하게 믿는다. 인간의 표현이 한 목소리로 하나
님에 대해 적용될 수 없다는 신학적으로 명백한 이치에도 불구하고
말이다.269) 마지막으로, 그는 전반적인 성직자 수의 감소, 성직 후보
생의 감소, 비 졸업생들에 비례한 졸업생들 수의 감소, 교회가 지급하
는 급료의 감소 및 그들의 평균 연령의 전반적 증가를 보여주면서,
주로 영국 성공회에서 이끌어낸 통계뿐만 아니라, 유신론적 신념이
부재한 상태에서 하나님에 대한 전통적 개념들이 교회 주교들에 의해
급진적으로 도전받아왔던 시대에, 에큐메니즘이 점점 더 성직자의
'새로운 신앙'으로 작용하고 있다는 그의 이론으로 성직자에 대한 이
런 분석을 계속 확증하려 한다.270) 다른 한편, 그 이후의 분석은 그의
주장들을 항상 확증해주지는 못했다. 그래서 그의 통계에 기초된 분
석은 (인플레이션 같은) 덜 종교적인 변수들을 무시하는 경향이 있으
며271) 그의 에큐메니즘 이해는 사회학적으로 불완전할 가능성이 있
다.272)

---

268) Gill, op. cit., p.94f을 보라.

269) E. L. Mascall, *Existence and Analogy*, Darton, Longman & Todd, 1949, John
　　　Macquarrie, *God-Talk*, SCM, 1967을 보라.

270) Wilson, op. cit., p.151.

271) Colin Buchanan, *Inflation, Deployment and the Job Prospects of the Clergy*, Grove Books,
　　　1976 참조.

272) Bryan S. Turner, 'The Sociological Explanation of Ecumenicalism,' in C. L. Mitton
　　　ed., *The Social Sciences and the Churches*, T. & T. Clark, 1972 참조.

그럼에도 불구하고, 1960년대 중반에 성직자에 대한 묘사로서 윌슨의 언급은 그다지 부정확한 것이 아닐 수 있다. 회고해보건대, 성직자들로부터 로빈슨에게 전해진 몇몇 편지들에서 지적된 것처럼, 그 당시는 많은 성직자들이 깊은 상처를 입은 시기로 판명되었다.273) 기능적 딜레마들뿐만 아니라 인지적인 딜레마들이 어떤 역할을 감당하는 듯이 보였으며, 이런 상황에서 『신에게 솔직히』는 하나의 중요한 변수였던 것 같다. 확실히, 그 책의 출판 직후에 쓴 것으로, 데이비드 에드워즈는 "많은 인쇄된 논평들 및 설교들과 연설문들은 많은 기독교 신자들의 비탄을 강조했다"고 믿었다.274) 비록 다수의 급진적인 신학 연구들이 성직자들(추측컨대 『신에게 솔직히』와는 다른 종류의 책들을 가까이 했던) 사이에 이런 결과를 야기했을 수도 있겠지만, 그 책의 바로 그러한 성공 및 광범위한 이용 가능성을 볼 때 이런 상황 내에서 그 책은 하나의 핵심적 요인으로 꼽힐 만한 명백한 후보자이다. 확실히 뷰렌의 『복음의 세속적 의미』는 『신에게 솔직히』에 비해서 현대 철학을 빈번히 사용하면서 의미상의 난제들을 학자들이 아닌 사람들에게 제출했다.

만일 이 분석이 정확하고, 『신에게 솔직히』에 의해 야기되었고 다른 신학자들에 의해 길게 토론된 인지적 이슈들이 최소한 부분적으로 설교자들에게 영향을 끼쳤다면, 그 이슈들이 또한 '청중들' — 그 책을 실제로 읽었거나 그 책에 대해 글을 썼던 사람들 및 단순히 설교자들로부터 그 책에 대해 들었던 사람들 모두를 포함하는 그룹 — 의 관심을 끌 수 있었다는 것이 가능하게 보인다. 물론, 회중들이 신학적

---

273) *The Honest to God Debate*, op. cit., p.48f를 보라.

274) ibid., p.48.

으로 혼란스러워했다고 주장할 수 있을 약간의 증거가 있었다.[275] 이
러한 증거에 공헌한 사람으로 매킨타이어는 "영국인들의 신조는 하나
님이 존재하지 않는다는 것과 때때로 하나님께 기도하는 것이 현명하
다는 것이다"라고 슬프게 주장했다.[276] 더욱더 진지하게, 심지어 세속
화 모델을 거부하는 마틴조차 "현대 영국 종교는 많은 개인기도의 실
천과 상당한 정도의 미신을 결합하는 이신론적이며 도덕주의적 일반
종교"라고 주장한다.[277] 그 결과, 청중들 사이에 있었던 이러한 인지
적 혼란이 『신에게 솔직히』에 의해 고양되거나 감소되었다는 것을
보여주기 위한 독창적인 조사가 있었다. 하지만 청중들에게 그 책이
어떤 영향력을 가질 가능성은 취소될 수 없다.

그럼에도 불구하고 이 장의 앞부분에서 살핀 역설은 남아 있다.
『신에게 솔직히』가 비신학적 대중 사이에서 널리 판매되었지만, 대
중은 최소한 부분적으로, 그 책에 대해 이해할 수 없었음에 틀림없다.
그 책이 그 자체로 그렇게 널리 판매되었기 때문에 로빈슨이 다수의
훨씬 단순한 글을 '대중적' 잡지들과 신문들에 기고했다는 사실조차
도 이런 역설을 해결하지 못한다. 『신에게 솔직히』의 사회적 중요성
에 대한 어떤 사회학적 고려사항도 이러한 역설을 고려해야 한다.

그러나 지금까지의 나의 분석이 너무 인지지향적(cogniteve-oriented)
이었을 가능성이 있다. 지식사회학자가 사회적으로 중요한 개념은 개
념으로서의 개념이지, 청중에게 실제로 제시된 것으로서의 개념이 아
니라고 손쉽게 추정할 가능성이 높다. 일단 분석이 청중에게 집중된

---

275) 예를 들어 Mass Observation, *Puzzled People*, 1948.

276) Alasdair MacIntyre in *The Honest to God Debate*, op. cit., p.228.

277) David Martin, 'The Secularisation Question,' *Theology*, LXXVI, No. 630, Feb.
1973, p.86.

다면, 다음과 같은 『신에게 솔직히』의 네 가지 비신학적 특징들에 특별한 관심을 가지게 된다. 그 특징들은 왜 그 책이 베스트셀러가 되었으며, 그 책의 일반적 영향력이 무엇이었는가를 설명하는 데 도움을 줄 수 있다.

첫째 특징은 『신에게 솔직히』에서 로빈슨이 한 사람의 주교로서 자신의 기능을 강조했다는 것이다. 그래서 "그것은 주교직에 속한다……" 는 것이 서문을 장식하는 문장이다.278) 첫 장에서 그는 "주교로서 나는 그런 질문들을 논의하도록 강요받지 않은 채 내 연구의 대부분을 행복하게 진척시킬 수 있었다"고 주장한다.279) 첫 장의 마지막 부분에서 그는 직업적 신학자로서가 아니라 "의도적으로 평범한 성직자로서 쓰고 있다"고 말한다.280) 홍보(publicity)라는 관점에서 보면, 그 책의 저자가 한 사람의 주교라는 사실이 결정적이었다. 모든 성직자는 홍보에 취약하며 주교들은 더욱 그러하다. 로빈슨이 그 책을 쓰고 있었던 바로 그때, 파이크(Pike) 주교는 미국에서 거대한 혼란을 불러일으키고 있었으며, 그 후에 곧 영국 신문들은 뮌헨(Munich)의 주교가 전쟁 범죄의 혐의를 받았고, 사우스웰(Southwell)의 주교가 분명히 여인과 눈이 맞아 도망갔으며, 레스터(Leicester)의 주교가 반-인종차별정책에 대한 항의에도 불구하고 '크리켓 여행을 유지하는' 탄원에 서명했고, 코벤트리(Coventry)의 주교는 포르노그래피를 비난했다는 것을 보도하고 있었다. 그래서 한 사람의 주교로서 자신의 기능을 강조함으로써, 동시에 급진적 신학을 쓰기는 하지만, 로빈슨은 그 책의 일반적인 홍보에 충분히 기여했을 수 있다.

---

278) Robinson, *Honest to God Debate*, op. cit., p.95f.

279) ibid., p.18.

280) ibid., pp.26-27.

암암리에 윌슨은 이러한 주장을 지지하는 듯이 보인다.

어떤 성직자들이 그들 스스로 회의적이 되고, 평신도들이 신앙의 본질로 믿는 것들 중 많은 것을 믿기를 그치고, 그것들을 전적으로 다른 방식으로 믿는다는 사실은 확실하고 보통 간단한 진리를 믿기 원하는 사람들에게는 혼란과 절망의 출처가 될 뿐이다. 1930년대와 1940년대에 버밍엄의 반즈(Barnes) 주교, 1960년대에 캘리포니아의 파이크 주교, 울위치의 로빈슨(Robinson) 주교는 일반 신자들을 당황하게 만든 근원들이며, 만일 그들이 생각하는 것처럼 사람들이 생각한다면, 그들 중 몇몇은 왜 그들이 그들 스스로 다른 신념들에 헌신하는 교회로부터 계속해서 봉급을 받는지를 의아해 하기에 충분할 정도로 불경건한 사람들이다.281)

윌슨이 평신도들 가운데서 변화를 일으키는 사회적으로 중요한 매개적 존재로서 주교들을 꼽고 있다는 점은 주목할 만한 가치가 있다.

둘째, 『신에게 솔직히』에서 로빈슨은 자신이 쓰고 있는 저술이 많은 사람들에게 '이단적(heretical)'인 것으로 간주될 수 있다고 한 번 이상 말한다. '이단자(heretic)'와 '무신론자(atheist)'라는 명칭들은 그 책의 여러 부분에 나타난다. 그래서 서문의 마지막 부분에서, 그는 "시험적이고 탐구적인 방법으로 내가 말하려고 했던 것은 급진적이며 의심할 여지 없이 많은 사람들에게 이단적으로 보일 수 있다"282)라고 쓰고 있다. 하나님에 관해 쓴 부분에서, 그는 자신이 그 주제에 대해

---

281) Wilson, op. cit., pp.97-98.
282) Robinson, *Honest to God*, op. cit., p.10.

말해야 하는 것이 90퍼센트의 사람들에 의해 "복음을 부정하는 것으로서 저항 받게" 될 것임을 인정한다.283) 도덕성에 관한 부분에서, 그는 자신의 견해들이 "사람들이 교회가 고수할 것이라고 기대하는 것"이 아니며 그 견해들이 "깊은 충격으로" 간주될 것이라고 주장한다.284) 그리고 마지막 장에서 그는 몇몇 사람들이 자신에 대해 "기독교적 신앙과 실천을 모두 버렸다"고 생각할 것이라고 진술한다.285) 그렇게 자주 그가 '이단자' 혹은 심지어 '무신론자'일 수 있다고 암시하는 것은 그 책을 매우 자극적인 것으로 만든다. 확실히 다수의 사람들이 이러한 명칭들이 그를 정확하게 묘사한다고 동의함으로 반응했다.286)

셋째, 『신에게 솔직히』는 철저히 성상 파괴적이다. 네 부분 — 하나님, 그리스도, 기도 및 도덕성에 관한 — 이 각각 전통적 이미지들의 파괴로 시작된다는 사실은 이미 보여주었다. 특히 로빈슨이 자신의 하나님 이미지 이해에 따라 하나님에 대한 전통적 이미지들을 불신하려고 시도하는 첫째 장에서는 그러한 부분이 44쪽이나 된다. 비록 그가 논의하고 있는 특별한 이슈들이 비신학적 독자에게는 불분명하다 할지라도, 그가 기존의 신념들을 파괴하려고 시도하고 있다는 점은 전적으로 분명한 사실이다.

넷째, 신학 분야의 저술로서 『신에게 솔직히』는 놀랄 정도로 많은 풍자를 포함하고 있다. 내가 지적한 바와 같이 각각의 부분들에서 그의 특징적 스타일은 양식화되고 풍자적인 이미지로 전통적 이미지들

---

283) ibid., p.18.

284) ibid., p.109.

285) ibid., p.123.

286) *The Honest to God Debate*, op. cit., p.95f을 보라.

을 파괴하며 그 후에 틸리히적 대안을 제공한다. 그래서 하나님에 관한 첫째 부분을 쓰면서, 그는 대부분의 그리스도인들과 비그리스도인들에게 "하나님이 하늘에 계신 할아버지, 한쪽 구석으로 떠밀려질 수 있는 친절한 노인 이상이 되었다"고 주장한다.[287] 두 번째 부분에서 그는 전통적인 그리스도를 '우주 비행사'와 비교한다. 세 번째 부분에서는 전통적 기도가 '영적 충전'으로 불리며, 네 번째 부분에서는 전통적 도덕성이 "하늘로부터 곧장 오는" 것이라고 언급된다. 사실상 전통 신학자들로부터 받는 항의의 일부는 자신들의 입장이 왜곡되었으며 풍자되었다는 것이었다.[288]

대체로 네 가지 특징들 ─ 감독직에 대한 강조, '이단'과 성상 파괴적이고 풍자적인 표현 ─ 은 『신에게 솔직히』가 뚜렷이 논쟁적이며 자극적인 성격이 되게 하는 데 도움을 준 것처럼 보인다. 그 책에 포함된 인지적 이슈들이 로빈슨의 전문적인 신학적 용어들의 빈번한 사용으로 인해 신학 훈련을 받지 않은 독자들에게 흐릿하게 되었을지도 모른다는 사실을 고려하면, 이런 특징들은 이 단계(청중)에서 사회적으로 중요하다는 것이 증명되었을 수 있다.

이 주장은 『신에게 솔직히』를 로빈슨의 이후의 두 저작인 『새로운 종교개혁?』과 『하나님에 대한 탐구』와 비교함으로써 어느 정도 확인 가능하다. 이 두 권 모두는 첫 번째 책보다 뚜렷이 덜 전투적이며, 비록 그 책들이 똑같은 본질적 이슈들을 계속해서 다룬다 할지라도 그 책들은 더 이상 (이전의 책과) 똑같은 정도로 네 가지 특징들을 포함하지 않는다. 그래서 『새로운 종교개혁?』이란 책에서, 로빈슨은 한 사

---

287) Robinson, *Honest to God*, op. cit., p.41.

288) Mascall, op. cit.를 보라.

람의 주교로서 자신의 기능을 거의 언급하지 않으며, 자신의 입장이 더 이상 '이단적인' 혹은 '무신론적인' 것으로 간주될 것이라고 제안하지 않는다. 심지어 '홍수에 대한 격정(Troubling of the Waters)'이라는 겉으로 보기에 성상 파괴적인 제목을 지닌 첫 장에서조차도 전투적이지 않으며, 그가 말하는 '개혁(reformation)'이라는 개념은 "진화에 의해서만큼 혁명에 의해서도 특징지어지는" 것이 된다.[289] 전통적 이미지들에 대한 풍자들은 두 번째 책에서 덜 뚜렷하게 나타난다.『하나님에 대한 탐구』라는 책에서 로빈슨은,『신에게 솔직히』에서 "나는 내가 믿었던 것 대부분을 당연한 것으로 여기고 있었다"고 주장하면서,[290] 그리고 하나님의 초월성에 대한 설명을 제공하면서, 자극을 피하는 데 더 큰 신경을 쓰는 듯이 보인다. 심지어 각 장의 제목들조차도 무난하다. 그래서『신에게 솔직히』에서는 '유신론의 종말?(The End of Theism?)'이라는 제목이 붙은 장이 있는 것에 비하면 무난하게, 나중의 책에는 '유신론의 치환효과(The Displacement Effect of Theism)'라는 제목이 붙은 장이 있다. '사신'신학에 관한 다음 장에서, 로빈슨은『신에게 솔직히 논쟁』에서보다 뷰렌의『복음의 세속적인 의미』에 대해 훨씬 더 비판적이다. 중요한 사실은 이런 이후의 책들 가운데 그 어느 책도,『신에게 솔직히』에 나타난 논쟁적 특징들이 부재하다는 이유로 말미암아, 베스트셀러가 되지 못했다는 것이다.

이러한 네 가지 특징들은 또한 넷째 단계인 '외부인들'(즉, 그 논쟁에 대해 어떤 부분도 읽지 않았고 당시 설교자들로부터 듣지 못했던 사람들)에게 어떤 영향을 미쳤을 가능성이 있다. 영국에 있는 모든 사

---

289) John A. T. Robinson, *The New Reformation?*, SCM, 1965, p.79.
290) John A. T. Robinson, *Exploration into God*, SCM, 1967, p.14.

람들이 존 로빈슨이나 『신에게 솔직히』에 대해 들었거나 그가 제기하는 본질적인 이슈들에 대해 깊이 생각해보았을 것이라고 확실히 주장할 수는 없지만, 어떤 주교가 그리스도인들이 일반적으로 수용하는 문제들에 대해 자극적인 것들을 말하고 있었다는 것이 일반 대중에게 다소간 인식되고 있었다고 가정할 수 있다. 확실히 '대중적' 잡지들 및 신문들과 의사소통하기 위한 로빈슨 자신의 노력은[291] 이러한 인식을 증가시키는 데 도움을 줄 수 있었을는지도 모른다. 그러나 일반 대중이 성직자와 평신도 사이에 벌어진 신념에 대한 논쟁에 대해 많은 신경을 썼으리라는 것은 (윌슨이 제시하는 것처럼) 더욱더 의심스러운 것이다.

마지막으로, 『신에게 솔직히』가 네 단계 중 어느 단계에선가 기존의 종교적 의심을 정당화하는 데 부분적 역할을 감당할 수 있었을 가능성은 무시될 수 없다. 그 책의 출판 이후로 로빈슨에게 전달된 몇몇 편지들을 보면, 다양한 입장과 다양한 정도의 신학적 복잡성을 가진 사람들이 어떤 주교가 교리적 정통주의의 문제들에 대해 공공연히 의심을 표현했다는 데 대해 위안을 느꼈음이 분명해 보인다.[292] 물론, 다른 사람들은 이런 의심의 표현들에 대해 적대감을 표현했지만, 위안을 표현했던 사람들 가운데는 그 책이 하나의 중요한 정당화 요소로 보였다(그리고 이러한 반응이 얼마나 널리 확산되었는가를 알 방법이 없다). 그래서 여기서 다시금 신학이 때때로 사회 내에서 하나의 정당화하는 영향력으로 작용할 수 있는 가능성이 제기된다.[293]

---

291) Robinson, *But that I can't believe!*, op. cit.를 보라.

292) *The Honest to God Debate*, op. cit.를 보라.

293) Kevin Clements, 'The Religious Variable: Dependent, Independent or Interdependent?' in Michael Hill ed., *A Sociological Yearbook of Religion in Britain*, SCM, 1971 참조

　『신에게 솔직히』의 현상과 그 책이 유발한 논쟁은 지식사회학자에게 예외적으로 중요한 사례 연구를 제안한다. 그 책이 1960년대 중반의 모든 신학자들과 설교자들 가운데서 사회적으로 중요했다는 점은 분명해 보인다. 이에 더하여, 그 책은 회중들과 그 당시 종교적 문헌에 정통한 사람들 사이에서 사회적으로 중요했던 것처럼 보인다. 그 책은 심지어 일반 대중 가운데서도 사회적으로 중요했을 수 있다. 그 책에 대한 만족도는 각 그룹마다 서로 달랐지만, 그 책이 지닌 영향력은 아주 광범위했던 것처럼 보인다. 아무리 사회에 의해서 결정된다 하더라도, 최소한 이 연구는 신학이 사회 내에서 하나의 독립변수로 작용할 수 있다는 사실을 보여준다.

제 6 장

응용신학 내의 변수들

이전 장들에서는 지식사회학의 관점에서 신학에 대한 설명을 제공하려고 시도했다. 신학은 먼저 종속적 사회변수로서 그리고 그 다음에 독립적 사회변수로서 해석되었다. 다음 장인 제7장에서는 어떻게 이 두 가지 해석들이 신학에 대한 하나의 상호작용주의적 분석으로 상호연관될 수 있는지를 보일 것이다. 이처럼 본서의 전반적인 과제는 지식사회학의 규범들을 따라 이루어지고 있다.

그러나 본 장은, 오로지 신학자의 필요들과 관련될 것이기 때문에, 이 전반적인 과제를 벗어나는 지엽적인 점을 기술할 것이다. 특히, 본 장은 신학을 분석하기 위해 이전 장들에서 개략적으로 살펴본 방법들이 직접 '응용신학' 내에서 채택될 수 있다고 주장할 것이다. 너무나도 흔히 사회학이, 더 주변적인 측면들에서만 신학에 영향을 미치면서, 신학에 의해 기껏해야 하나의 보조학문으로 취급된다는 점을 주장할 것이다. 이와 반대로, '응용신학'에 대한 규범적(prescriptive) 이해로부터 기술적(descriptive) 이해로의 움직임을 고려한다면, 사회학은 ─ 더 이상 신학에 대해 주변적 학문이 아니라 통전성을 위해 실제로 없어서는 안 될 학문이라는 ─ 매우 중요한 위치를 차지한다고 가정할 수 있다.

이것은 다수의 신학자들이 반대할 중요한 주장이다. 그러나 사회학자의 신분을 지닌 사회학자가 신학 분야의 성격이 어떠해야 한다고 신학자에게 명령할 수 없다는 것이 시작부터 강조되어야 한다. 사회학자는 단순히 기독교 윤리학이나 실천신학에 대한 특정 이해가 자신의 사회학적 상호관련성과 일치한다고 하여 그러한 특정한 이해를 고집할 수는 없다. 그것은 범주적 실수를 범하는 것이다.294) 한 명의 사회학자로서 그가 주장할 수 있는 것은, '응용신학'에 대한 특정한 이해를 고려한 후에야 그런 상호관련성이 가능하게 된다는 것이다.

많은 '응용신학' 문헌들 내에 이론적 명료성이 부족하기 때문에, 응용신학 내의 규범적 접근들과 기술적 접근들에 대한 설명부터 시작할 필요가 있다. 그러나 사회학이 응용신학에 대해 완전한 설명을 제공할 수 있다거나, 응용신학이 남김없이 사회학으로 축소될 수 있다고 주장할 수는 없을 것이다. 규범적 학문으로서보다는 기술적 학문으로서 기독교 윤리학이나 실천신학에 대해 설명하는 대부분의 경우는 비판적 요소를 포함하고 있다. 그 설명들은 단순히 기술하는 데서 만족하지 않는다. 그 설명들은 신학적 개념들이나 윤리적 개념들에 대한 적절한 이해들 사이를 구별하려고 한다. 그래서 비록 그 설명들의 핵심적 초점이 규범적인 것에 있지 않다 하더라도, 그 설명들은 규범적 요소를 포함한다. 규범적 요소는 전적으로 배제되지 않고 이차적 역할을 할 것이다.

---

294) Robin Gill, *The Social Context of Theology*, Mowbrays, 1975, chap.4를 보라.

　기독교 윤리학과 실천신학에서, '규범적'이라는 명칭을 요구하는 공통적 특징은 각각의 학문이 본질적으로 특별한 문제들에 대해 확실한 해결책들을 산출하려는 수단으로 생각된다는 점이다. 각각의 학문은 자세한 규범들의 생산자로 이해된다. 기독교 윤리학에서 이것은 윤리학의 중요한 대상인 의사결정을 광범위하게 강조하는 형태를 취했다. 비록 기독교적 관점에서라고 하더라도, 기독교 윤리학에 종사하는 신학자는 특별한 윤리적 딜레마들을 풀기 위한 시도를 하고 있다. 실천신학에서(혹은 거의 동의어로 쓰이는, 목회신학에서) 슐라이어마허 이래로, 규범적 강조는 실천신학이 기본적으로 조직신학을 '적용'하는 일과 관련되어 있으며 이는 자신이 어떻게 행동해야 하는지를 고민하는 교회나 성직자들을 위한 규범을 공급함으로써 이루어진다는 일반적 가정의 형태를 취하고 있었다. 빈번히 이것은 실천신학이 단순히 신학의 '실천적' 측면으로 여겨진다는 것을 의미했다.

　(a) 규범적 실천신학: 칼 바르트는 "실천신학은 그 이름 자체가 의미하듯이 공동체의 실제적 과업 —선포하는 것— 으로 전환된 신학"[295]이라고 말하면서, 실천신학에 대한 이런 이해를 매우 분명하게 표현했다.

　　실천신학에 대한 질문은 어떻게 하나님의 말씀이 인간의 말에 의해 섬김을 받을 수 있는가 하는 것이다. 성경과 교회사의 증언 가운데 받아들여져왔고 그 동시대적 자기보존 가운데 고려되어왔던 이 하

---

[295] Karl Barth, *Evangelical Theology an Introduction*, London, 1963, p.169.

나님의 말씀이 어떻게 공동체 주위에 있는 세상의 이익을 위해 공동체를 통해 봉사될 수 있는가?…… 진정한 질문은 이 말씀을 선포하는 일을 수행하는 사람들이 사용해야 하는 언어의 문제다. ……석의와 교의학에 의해 신학적 연설의 내용이 가르쳐지고, 심리학, 사회학 혹은 언어학 가운데 무엇이든지 간에 당면한 순간에 가장 신뢰할 만한 것에 대한 경험들을 통하여 그 형태가 주어진다. ……실천신학은 설교와 교육, 예배와 전도에서 공동체의 선포에 본질적인 이 신학적 연설을 추구하고 발견하기 위하여, 배우고 실천하기 위하여 연구된다.296)

슐라이어마허처럼 바르트는 실천신학을 자율적 학문으로가 아니라 오로지 교회의 기능으로 간주하는 것이 분명하다.297) 그러나 슐라이어마허와는 달리 그는 실천신학을 '신학 분야들 중의 왕'으로 보지는 않았다. 바르트에게 실천신학은, 비록 긴요한 수단이기는 하지만, 말씀을 더 효과적인 설교하기 위한 수단이었다. 실천신학은 그 기본적 목적이 말씀을 설교하기 위해 알맞은 도구들로 설교자를 구비하기 위한 것이기 때문에 본질적으로 규범적 학문으로 간주된다.

실천신학에 대한 이런 이해 내에서 사회학은 보조적 역할을 감당하게 된다. 기껏해야 신학적 언어에 그 형태를 제공해줄 수 있을 뿐이다. 어떤 식이든 그 내용을 변경시킬 수는 없다. 바르트의 다른 저술들을 볼 때, 그는 신학의 사회적 맥락에 대한 분석이 우리의 신학 이

---

296) ibid., pp.169-170. Eduard Thurneysen, *A Theology of Pastoral Care*, John Knox Press, 1962 참조.

297) F. D. E. Schleiermacher, *Die Praktische Theologie nach den Grundsatzen der Evangelischen Kirche*, Berlin, 1850를 보라.

해에 영향을 미칠 수 있다는 점에 동의하기 어려워했을 것임이 분명
하다. 그에게 현대 타당성 구조들은 부적절한 것이었을는지 모른다.
그 대신 바르트는 사회학이 신학적 언어와의 관계에서 보조적 역할을
수행할 수 있다는 것만 인정했다. 사회학은 실천신학자에게 단지 유
용한 도구를 공급할 뿐이다.

실천신학에 비해 사회학에 보조적 역할을 할당하는 것에 대해 방법
론적으로 부적절한 점은 아무것도 없음이 강조되어야 한다. 인간의
환경과 거기서 살고 있는 개인의 행위에 미치는 그 환경들의 영향력
에 대한 더 나은 이해를 가능하게 해줌으로써 "사회학이 '그리스도의
몸에 덕을 세우기' 위한 교회의 사역을 지도하는 목회신학의 사역 가
운데 있다"고 주장하면서, 페르디낭 불라르(Ferdinand Boulard)는 프랑
스에서 '종교적 사회학(Religious sociology)'을 '목회정책의 보조학문'
으로 보는 것에 대해 꽤 만족해했다.[298] 불라르의 저작은 확실히 비
판을 받기 쉽지만, 내가 믿기에 이 논점이 비판을 받기 쉬운 것은 아
니다.[299] 그럼에도 불구하고, 실천신학에 대한 바르트와 불라르의 규
범적 이해들이 주어지면, 사회학이 통합적 역할이 아니라 보조적 역
할을 하게 된다는 점을 인식하는 것이 중요하다.

다른 한편 시워드 힐트너(Seward Hiltner)의 실천신학 이해는, 비록
여전히 규범적이긴 하지만, 사회과학이 통합적 역할을 하는 것을 인
정하는 것으로 보인다. 그리고 이것이 그 약점일 수 있다. 힐트너는
신학 분야를 두 타입의 영역으로 구분했다. '논리 중심' 분야와 '실행
중심' 분야. 조직신학이 논리 중심 분야에 속하는 반면, 실천신학은

---

298) Ferdinand Boulard, *An Introduction to Religious Sociology*, Darton, Longman & Todd,
1960, p.74.

299) Gill, op. cit., pp.23-24, 87-89를 보라.

실행 중심 분야에 속한다. 그는 실천신학에 대해 "목양의 관점을 교회와 목회자의 모든 실행과 기능들 쪽으로 가져온 후에 이런 관찰들에 관한 반성으로부터 신학적 질서의 결론들을 이끌어내는 신학적 지식과 질문의 영역"300)으로 규정한다. 그래서 슐라이어마허처럼 그는 실천신학을 교회가 하는 과업의 맥락 내에 위치시키지만, 슐라이어마허와는 달리 그는 실천신학이 조직신학의 결과로 생기는 것일 뿐만 아니라, 직접적으로 조직신학에 기여한다고 주장한다. 사실, 대체로 사회과학은 실천신학과 신학에 대해 한정적인 역할이 주어진다.

이러한 실천신학 이해의 특별한 장점들이 그 자체로 무엇이든 간에, 신학과 사회과학 어느 것도 정당하게 대하지 못하는 신학과 사회과학의 융합이 일어날 위험이 명백하게 나타난다.301) 사회과학은 단순히 실천신학의 사회적 맥락을 분석하는 것만이 아니라, 실제로 실천신학의 본질을 결정하기 위해 사용된다. 만일 단지 힐트너가 사회과학을 실천신학에 보조적인 것으로 더욱 온당하게 이해하는 데 만족했다면, 실천신학에 대한 그의 규범적 이해는 이런 어려움에 직면하지 않았을지도 모른다. 그러나 그가 이런 규범적 이해를 가지고 있다는 사실을 고려한다면, 그가 사회과학에 통합적 역할을 맡긴 것은 심각한 방법론적 문제들을 야기한다.

(b) **규범적 기독교 윤리학**: 현대 기독교 윤리학 내에는 그 학문에 대해 병행되는 규범적 이해가 있다. 규범 윤리학, 상황 윤리학, 혹은 심지어 맥락 윤리학의 해설자들은 기독교 윤리학의 기본적인 기능이 의사결정과 관련되어 있으며 결국 특별한 윤리적 딜레마들에 대한

---

300) Seward Hiltner, *Preface to Pastoral Theology*, New York, 1958, p.20.

301) Alastair V. Campbell, 'Is Practical Theology Possible?', *Scottish Journal of Theology*, May 1972 참조.

'해결책들'을 제공하는 것이라는 데 동의한다. 많은 이들이 실천신학을 프락시스(그리고 대개 교회의 프락시스)의 문제들을 해결하기 위한 학문으로 간주하는 것과 마찬가지로, 많은 이들이 기독교 윤리학을 도덕성의 문제들을 해결하는 것과 관련된 학문으로 간주하는 듯 보인다.

이 점은 상황윤리의 경우에 가장 뚜렷하게 나타나는 듯하다. 그래서, 예를 들면 플레처는 이러한 윤리학 접근에 대해 다음과 같은 간략한 설명을 제공한다.

> 상황주의자는 자신의 공동체의 윤리적 격언들과 공동체의 유산으로 무장하여 모든 의사결정의 상황 속으로 완전히 들어간다. 그리고 그는 자기 문제들에 대해 조명해줄 것이라고 존중하며 그것들을 다룬다. 그러나 마찬가지로, 그는 어떤 상황에서든 그것들을 타협하고 그것들을 제쳐둘 준비가 되어 있다. 만일 그렇게 함으로써 사랑이 더 잘 성취되는 것처럼 보이는 그러한 상황에서라면 말이다.[302]

플레처는 윤리학에 대한 이 접근법을 한편으로는 '율법주의(legalism)'와, 다른 한편으로는 '도덕률 폐기론(antinomianism)'과 대조시킨다. 율법주의의 접근에서, "사람은 틀에 박힌 규칙들과 규정들의 전체 장치를 갖고 모든 의사결정의 상황 속으로 들어간다."[303] 도덕률 폐기론의 접근에서, "사람은 규칙들은 물론이고 원리들이나 공리들 그 무엇도 갖추지 않고 의사결정의 상황 속으로 들어간다."[304] 윤리학에

---

302) Joseph Fletcher, *Situation Ethics*, SCM, 1966, p.26.

303) ibid., p.18.

304) ibid., p.22.

대한 세 가지 접근 모두에서, 플레처는 문제가 되는 의사결정에 직면한 개인에게 핵심적 초점이 있다고 믿는다. 의미심장하게도, 그가 추천하는 상황윤리의 특징적 방법은 예외적 패러다임에 대한 설명을 포함한다. 대개 도덕률 폐기론은 겉으로 보기에 극단적인 도덕적 딜레마들에 직면하는 개인(주로 사회라기보다는)에게 집중한다. 비록 항상 특별한 상황들에서의 성상 파괴를 고려하고 있지만, 그런 딜레마를 해결하는 것이 상황윤리의 주요 목적이다.

플레처의 상황윤리 설명에 대한 학계의 반응은 대단했다. 기독교 윤리학에 관련된 저작들 가운데서 신학계에서 그렇게 광범위한 관심과 비평을 유발한 것은 거의 없었다. 그러나 상황윤리에서 나타난 모든 약점들에 대해 고찰하는 것은 여기서 적절하지 않은 듯하다.[305] 여기서 적절한 고찰은 상황윤리에 대한 많은 반응이, 그것이 긍정적이든 부정적이든 간에, 문제가 있는 의사결정에 직면한 개인에게 주의를 집중해왔다는 것에 주목하는 것이다. 그 경우에 관한 한, 상황윤리와 그에 대한 반응은 규범적인 것으로 묘사될 수 있다.

이에 대한 하나의 실례가 주어질 수 있다. 상황윤리에 대한 자세한 비판에서, 폴 램지는 '아가페주의(agapism)'가 적절한 모델로 기독교 윤리학에 제안되는 한, 만일 상황윤리가 수용되어야 한다면, 규범 윤리와 상황윤리의 결합이 필수적이라고 주장한다.

도덕적 삶에 대한 적절한 이해는 어떤 행동 규칙들이 가장 큰 사랑을 구현하고 있는지를 결정함으로써 우리가 행해야 하는 것을 그리

---

305) George Wood, 'Situational Ethics,' in ed. Ian T. Ramsey, *Christian Ethics and Contemporary Philosophy*, SCM, 1966, essays in ed. Gene H. Outka and Paul Ramsey, *Norm and Context in Christian Ethics*, SCM, 1969 참조.

스도인들이 상당한 정도로 결정한다는 사실이 나타날 수 있다. 그렇지만 또한 그런 상황에 관한 사실들을 점점 더 분명하게 함으로써 그리고 그 상황 안에서 행해야 하는 사랑이나 가장 잘 사랑하는 것이 무엇인지에 대해 질문함으로써 우리가 무엇을 행해야 하는지를 말해야 하는 상황들이 항상 있다는 사실이 나타날 수 있다.306)

물론, '아가페'만의 관념은 기독교 윤리학에 적절하지 않다고 생각하기 때문에, 램지의 궁극적 입장은 이보다 더 복잡하다. 대신 그는 '혼합 아가페주의(mixed agapism)' 이론을 제공하는데, 그는 이를 내가 "자연적 정의를 변형시키는 사랑(love transforming natural justice)"이라는 표현으로 지적한, 내적 불균형을 포함하는 정의나 부정의에 대한 인간의 감각과 아가페의 결합으로 본다.307) 그럼에도 불구하고, 그는 기독교 윤리학의 근본 과제를 문제 있는 의사결정에 직면한 개인에 대한 연구로 보는 플레처의 설명을 수용한다는 점은 분명하다. 심지어 현대 기독교 윤리학 내에서 정확하게 이러한 초점을 한탄했던 던스턴 같은 이들조차도, 그들 스스로 동일한 규범적 논쟁에 연루되는 경향이 있다.308)

실천신학에 대한 규범적 이해들처럼, 기독교 윤리학에 대한 다양한 규범적 이해들 역시 일반적으로 사회과학을 추방하는 경향이 있으며, 특히 사회학이 보조적 역할을 한다고 여기는 경향이 있다. 비록 플레처 자신이 사회학을 거의 사용하지 않지만, 상황윤리에 대한 그의 설

---

306) Paul Ramsey, *Deeds and Rules in Christian Ethics*, Scottish Journal of Theology Occasional Papers No.11, 1965. p.5.

307) ibid., p.110. Paul Ramsey, *Nine Modern Moralists*, Prentice-Hall, 1962 참조.

308) G. R. Dunstan, *The Artifice of Ethics*, SCM, 1974를 보라.

명은 결과적으로 윤리적 결정이 취해져야 하는 주어진 상황들을 명료화하는 것으로부터 사회학자를 배제하지 않는다. 게다가 우리가 결정에 도달하기 전에 특별한 상황들에 대한 사실들을 명료화해야 한다는 가정은 사회학 같은 학문들의 적절성에 관한 선험적 가정을 충분히 함의할 수 있다. 주어진 상황의 '현재(is)', '과거(was)', '미래(will be)' 혹은 '가능성(could be)'을 분석함으로써 — 그러나 강조하건대 '당위(ought to be)'는 아니다 — 사회학자는 명료화에 있어서 중요한 기능을 수행할 수 있다.309) 게다가 기독교 윤리학에 대한 가장 규범적인 설명들 대부분에서, 비록 본질적으로 보조적 역할이기는 하지만, 사회학은 이러한 해명적 역할을 수행할 수 있다.

기독교 윤리학의 규범적 이해들에 대한 비판이 없을 수도 있지만, 이 경우에는 기독교 윤리학과 통합적으로 관계되는 사회학의 가능성이 배제된다는 것을 인정하는 것이 중요하다. 사회학은 실천신학의 어떤 이해들이 제안하는 순수한 실용적인 지위보다 약간 더 높은 어떤 지위가 허용될 수 있지만, 그것은 여전히 통합적인 지위는 아니다. 기껏해야 사회학은 도덕적 딜레마들을 둘러싸고 있는 상황들에 대한 사회적 특징들을 분석할 수 있다.

응용신학에 대한 기술적 이해들

응용신학에 대한 이런 규범적 이해들과 함께, 응용신학에 대한 좀 더 기술적인 방향성을 제안하는 많은 시도들이 있었다. 기독교 윤리

---

309) David Martin, 'Ethical Commentary and Political Decision,' *Theology*, Oct. 1973.

학과 실천신학 내에서, 여러 학자들은 특별한 문제들에 대한 명백한 해결책을 내놓는 것에서부터 응용신학 내의 이슈들에 대해 좀더 분석적/비판적으로 접근하는 쪽으로의 이동을 시도했다. 그래서 기독교 윤리학 내에서, 어떤 해설가들은 도덕적 의사결정보다는 도덕적 맥락이나 도덕적 행위자에 초점을 맞출 것을 제안했다. 반면, 실천신학 내에서, 어떤 이들은 행동을 위해 신념이 필요하다는 데 강조점을 두기보다는, 모든 복잡성 가운데서 신념과 행위 사이의 관계를 분석해야 한다고 주장했다.

  (c) **기술적 실천신학**: 슐라이어마허 이후의 이해 방식을 폐기할 것을 옹호했던 실천신학의 해설가들 가운데서,[310] 특히 화이트(J. A. Whyte)는 실천신학이 성직 후보자의 문제 해결 접근 방식을 위한 '힌트와 팁'이라는 주장에 반대했다. 그 대신 그는 실천신학이 더 진지하게 이론적이어야 한다고 믿는다.

> 실천신학은 그 자체로 실천에 관한 신학(the theology of practice)으로, 그리고 적절한 학문적 질문(enquiry)으로 이해되어야 한다. 이 질문의 문제 설정은 신앙의 표현으로서 **말하여지는 것**(what is said)이 아니라 **행해지는 것**(what is done)이다. 실천신학을 위한 자료는 사람들이 자신들의 신앙을 표현하는 구술적 형식문들, 개념들, 언어가 아니라(이런 것들은 철학적 신학이나 조직신학의 관심사다), 활동들, 실천들, 기관들, 그들의 신앙이나 불신의 결과, 구현 혹은 표현이거나, 혹은 그렇게 주장되는 삶의 구조들과 관계의 구조들이다.[311]

---

310) 예를 들어, Campbell, op. cit.

311) J. A. Whyte, 'New Directions in Practical Theology,' *Theology*, May 1973, p.229.

이에 더하여, 슐라이어마허와는 달리 화이트는 이러한 맥락에서의 '실천(practice)'이 교회의 실천에 제한되지 말아야 하며, '신앙(faith)'이 단지 기독교적 신앙으로만 간주되지 말아야 한다고 제안한다.

종교적 신앙과 관련 있는 것으로서 종교적 실천을 분석하는 것이 실천신학자의 기능인 한, 실천신학자의 과제는 종교사회학자의 과제와 같은 것으로 보인다. 결국 신앙과 행동 사이의 상호관계에 대한 분석은 엄밀하게 종교사회학자에게 속하는 과제이다. 그러나 실천신학자가 부가적인 비판적 기능을 가진다고 화이트가 믿는 것만큼이나 두 가지 유형의 분석형태는 구분된 것으로 보일 수 있다. 그래서 예를 들면, 그는 신학자가 단순히 사회 변화의 분석만이 아니라 사회 변화에 대한 비판을 제공하기를 원할 수 있다고 제안한다.

실천신학에 대한 이러한 기술적/비판적 이해에 대한 화이트의 설명은, '실천에 대한 신학(the theology of practice)'이라는 관점에서 보자면, 간단한 것일뿐더러 열린 결과를 지닐 수 있는 것이다. 실천신학의 적절한 맥락으로서의 교회와 기독교 신앙을 거부하면서, 화이트는 자기 분석의 기술적 특징들을 현대 종교사회학과 연결시키려 하거나, 종교사회학을 실천신학과 구분하는 데 필요한 비판적 기준을 상술하려 하지 않는다. 그럼에도 불구하고, 이러한 실천신학 이해는 실천신학과 사회학 사이의 밀접한 상호작용의 가능성을 허용하는 것이 분명하다. 여기서 사회학은 더 이상 보조적 학문의 역할로 후퇴하지 않는다. 더 밀접한 통합이 가능하게 된다.

비록 약간 더 발전된 것이라 하더라도, 기술적/비판적 학문으로서의 실천신학에 대한 비슷한 이해가 칼 라너(Karl Rahner)에 의해 제공된다. 그러나 화이트와는 달리, 라너는 교회의 맥락 안에 실천신학을 위치시킨다. 라너는 "실천신학이 지금 여기서 ─ 현재(is)와 의무(ought

to be) 둘 모두의 측면에서 — 교회의 자기현실화와 관계된 신학 분야”
라고 간주한다.312) 다른 신학 분야들의 실천적 결과들에 대한 단순한
잡동사니라거나 혹은 영혼들의 돌봄이라는 일반적 실천들을 통해 직
접적으로 얻은 사려 분별의 심리학적, 교훈적, 사회학적 규칙들의 수
집물이라고 보는 견해를 거부한다.313) 그 대신, 그는 실천신학이 자율
적이고 철저하게 이론적이라고 주장한다.

원형적 학문으로서 실천신학의 과제는 교회가 어떤 당면한 순간에
교회에 적절한 특별한 자기실현을 수행해야 하는 특수한 현재 상황
에 대한 신학적 분석을 요구한다. 과학적 반성으로 현재에 대한 이
런 분석을 수행하고 교회의 상황을 인식할 수 있도록 하기 위해, 실
천신학은 확실히 사회학, 정치학, 현대 역사 등을 필요로 한다. 이
정도까지 이런 모든 과학들은 실천신학을 위한 보조적 학문의 성격
을 띤다. 그러나 비록 이러한 세속적 과학들에 의해 제공된 현대적
분석이 실천신학의 사용을 위한 필요충분조건이라 할지라도, 마치
실천신학이 이미 완전하고 주어진 것인 양 단순히 무비판적으로 그
분석을 이끌어낼 수는 없다. 실천신학은 스스로 어떤 다른 신학 분
야에 넘길 수 없는 과제인 신학적 교회적 관점 내에서 이런 분석을
비판적으로 추출해야 한다. ……교회의 본질을 현대적 상황에 직면
하게 하는 것을 넘어서, 실천신학은 창조성과 예언의 요소를 포함해
야 하며 비판적 반성과 관계되어야 한다.314)

---

312) Karl Rahner, *Theological Investigations*, Vol. 9, Darton, Longman & Todd, 1972,
　　p.102.

313) ibid.

314) ibid., pp.104-105.

라너는 실천신학이 두 가지 독특한(비록 상호작용하기는 하지만)
기능을 가진다고 생각하는 것이 분명하다. 첫째 기능은 기술적 기능
이다. 더 이상 사회과학 제 분야들이 단순히 '도구들'로 사용되는 학
문이라는 순수한 규범적 이해에 만족해하지 않으면서, 사회와 마주
향하여 있는 교회의 현대적 역할을 정당하게 분석하는 것과 관계된다
고 라너는 주장한다. 둘째 기능은 '현재 상태(is)'의 교회보다는 '당위
(ought to be)'로서의 교회와 더 관계되어 있는 비판적/예언적 기능으
로 나타난다. 라너는 (비록 그가 이 논점에 정성을 들이지는 않지만)
사회학 그 자체를 포함하여 사회과학 제 분야들이 더 이상 직접적으
로 이러한 둘째 기능에 적절하지 않다고 주장한다.

비록 라너가 실천신학의 기술적 기능과의 관계에서 사회학을 '보조
적' 학문으로 언급하지만, 사회학은 여기서 사실상 실천신학의 규범
적 이해 내에서 할 수 있는 것보다는 더 통합적 역할을 수행한다는
것이 분명하다. 확실히, 라너의 설명에서, 사회학적 분석은 실천신학
과 융합될 수 없는데 그 이유는 실천신학이 대개 사회학에서는 부적
절하게 간주될 수 있는 비판적/예언적 기능을 가지기 때문이다. 그러
나 실천신학이 기술적 학문인 한, 그리고 그것이 현대 사회에서 교회
의 자기실현에 대한 분석을 제공하는 것과 관계되어 있는 한, 사회학
의 역할은 보조적인 것과는 거리가 멀다.

그래서 다른 방식들로, 화이트와 라너 두 사람 모두의 설명은 사회
학적 분석이 실천신학을 구성하는 일부로 여겨질 가능성을 제시한다.
더욱이, 두 사람 모두가 실천신학의 부가적인 비판적 기능을 기초로
해서 두 학문을 분명하게 구별한다. 실천신학의 기술적 특징이 화이
트에게서 신앙과 행동 사이의 상호관계들에 대한 분석으로 이해되든
지, 라너에게서 사회 속에서의 교회의 자기실현에 대한 분석으로 이

해되든지 간에, 사회학적 분석은 직접적 적실성이 있는 듯 보인다. 게다가 이전 장에서 제안한 바와 같이, 사회 내에서 종속변수와 독립변수 둘 다로서 작용하는 신학에 대한 분석은 곧 실천신학의 이러한 기술적 기능의 측면으로 보일 수 있다. 물론 이것은 실천신학에 대한 이러한 기술적 이해가 '정확한' 이해라고 주장하거나 혹은 지금까지 제공된 신학에 대한 순수한 사회학적 분석이 실천신학의 한 측면으로 간주되어야 한다고 주장하는 것은 아니다. 더 적절하게, 실천신학에 대한 이러한 특별한 이해를 고려한다면, 신학의 결정요소들과 신학의 중요성에 대한 사회학적 분석은 신학의 중요한 특징으로 이해될 수 있다고 주장한다고 할 수 있다.

(d) 기술적 기독교 윤리학: 비록 윤리적 의사결정에 대한 강조와 특별한 도덕적 딜레마들의 해결이 현대 기독교 윤리학에서 여전히 지배적인 것들로 보이기는 하지만, 좀더 기술적인 이해에 대한 증거가 있다. 여기서도 그러하겠지만, 비슷한 강조가 일반 도덕철학에서 발견된다. 헵번(R. W. Hepburn)은 "규칙-복종이 도덕적 언어의 가장 만족할 만한 분석이든 아니든 간에, 아주 다른 모델들이 도덕적으로 민감한 사람들 ― 예를 들면, 도덕적 노력을 생활 패턴의 실현으로 보거나 순례자의 길을 가는 추종으로 이해하는 사람들 ― 에 의해 사실상 꽤 자주 주장된다는 점을 떠올리게 하는 것들이 있었다"고 제안한다.315)

기독교 윤리학을 규범적 학문이 아닌 기술적 학문으로 보려는 시도들 가운데 가장 널리 알려진 것은 폴 레만(Paul Lehman)의 시도이다. 그는 개신교 종교개혁이 윤리학을 위해 "인간 생활을 인간다운 것으

---

315) R. W. Hepburn, 'Vision and Choice in Morality,' in ed. Ian T. Ramsey, op. cit., p.181.

로 만들고 유지하기 위해 하나님이 세상에서 행하시고 계신 일에 대한 정황적 이해를 가지고서 윤리학의 주장들에 대한 규범적이고 절대적인 형식화를 대치하는 일을"316) 수반했다고 주장한다. 그 결과 "윤리학은 규범적 학문과 반대되는 것이 아니라, 구체적이고 인격적이며 목적이 있는 하나님의 활동이기 때문에, 환경들, 동기들, 행동의 구조들 같은 행위의 구체적 재료의 변형에 대한 설명을 공급한다는 의미에서 곧 기술적 학문이 될 수 있다."317) 레만은 비그리스도인과 구별된 그리스도인의 맥락에서, 윤리학이 코이노니아(koinonia)이며, 기독교 윤리학의 과제는 그 멤버들과 관계된 것으로서의 코이노니아의 신학적 기초를 상세히 설명하는 것이라고 본다. 아래의 단락은 이 논지를 더 자세하게 말한다.

기독교 윤리학이 질문과 그 질문의 대답에 관한 훈련된 반성(예수 그리스도를 믿는 한 명의 신자로서 그리고 그의 교회의 한 멤버로서, 나는 무엇을 해야 하는가?)이라고 정의될 때, 그 출발점은 모호하지도 중립적이지도 않다. 그것은 인류의 공통적인 도덕적 감각이나 시대의 추출된 지혜가 아니다. 우리가 이 윤리적 지혜를 무시할 수 없지만, 우리는 그것으로 시작하지 않는다. 그 대신, 윤리학에 대한 기독교적 사고의 출발점은 기독교 교회의 사실과 본질이다. 이것을 어느 정도 매우 예리하게 말한다면, 기독교 윤리학은 **선**(the good)과 관계된 것이 아니라, 예수 그리스도 안에 있는 한 명의 신자로서 그리고 그의 교회의 한 멤버로서 내가 행해야 하는 것이 무엇인가와 관계된 것이다. 달리 말하면, 기독교 윤리학은 도덕성을

---

316) Paul Lehman, *Ethics in a Christian Context*, SCM, 1963, p.14.
317) ibid.

지향하고 있는 것이 아니라 계시를 지향하고 있다.[318]

　윤리적 의사결정, 윤리 이론들과 도덕적 딜레마들에서 떠나 기독교 윤리학의 공동체적이며 교리적인 기초를 지향하는 기독교 윤리학의 이러한 재배치는 주의를 끄는 비판을 불가피하게 받는다. 그래서 예를 들면 램지는 윤리학에 대한 레만의 '기술적' 접근이 두 가지 약점들로 상처를 입는다고 주장한다. 첫째, 레만의 접근은 "코이노니아의 숨겨진 실재와 경험적 실재 사이의 큰 차이와 변증법적 관계로 인해 모순이 된다"는 것이다.[319] 레만의 접근은 교리적 순수성을 상실한 실제 교회와 코이노니아 사이의 불일치를 진지하게 고려하지 않는다. 둘째, 레만의 '기술적' 접근은 전통적 기독교 윤리학이나 도덕 신학에 대한 자세한 규정들이 아니라, 기독교적 행위에 관한 모호한 일반화를 가져오는 경향이 있다. 기독교 윤리학에 대한 적절한 설명으로서 그 접근의 특별한 약점들이 무엇이든지 간에(여기서 그 약점들을 밝히는 것은 적절하지 않다), 그 접근은 분리된 독특한 분야로서 그것이 의존하는 신학적 변수들에 관한 훈련에 초점을 맞추기 위한 중요한 시도를 나타낸다.

　문제가 되는 윤리적 의사결정을 개인적으로 직면하는 것과는 거리를 두는, 기독교 윤리학을 재배치하기 위한 다른 시도는 데이비드 하네드와 스탠리 하우어워스(Stanley Hauerwas)의 저술들에서 발견된다. "덕의 개념은 기독교 공동체에 대한 확장된 관련성 없이는 만족스럽게 탐구될 수 없다"는 레만의 주장에 동의하기는 하지만,[320] 하네드

---

318) ibid. p.45.

319) Paul Ramsey, op. cit., p.46.

320) David Baily Harned, *Faith and Virtue*, Pilgrim, 1973, p.14.

는 자신의 저술들에서 "인간 행위에서 비전과 상상력의 중요성"에 초점을 맞추려 한다.321) 많은 현대 윤리학의 배타적인 '명령-복종 은유'를 거부하고, 또한 비록 기독교 윤리학을 위한 초점으로서 '성품(character)'의 개념에 집중하기는 하지만, 하우어워스의 강조점은 이와 유사하다. 그는 "성품의 언어가 명령의 언어를 배제하지 않고, 더 큰 도덕적 경험의 틀에 그것을 배치한다"고 믿는다.322) 기독교 윤리학에 대한 이런 이해 위에서, 더 이상 문제가 되는 의사결정에 전적으로 집중하지는 않는다. 하우어워스는 기술적/비판적 이해를 다음과 같이 제시한다.

한 번 윤리학이 자아의 본질과 도덕적 결정에 초점이 맞추어지면, 비전과 덕은 다시 도덕적으로 중요한 범주들이 된다. 우리는 우리가 이해하고자 하는 대로 되며 그러한 우리의 이해는 우리의 의도성 안에서 지속된다. 그러나 우리는 단지 관찰함으로써가 아니라, 우리의 핵심적 확신들을 구성하는 은유와 상징들을 통하여 우리의 비전을 훈련함으로서 이해하게 된다. 그러므로 우리가 어떻게 이해하게 되는가 하는 것은 반드시 우리의 기본적인 이미지들이 자아 — 우리의 성품에 있는 — 에 의해 구현되는 방법으로 결정되기 때문에, 우리가 어떻게 이해하는가 하는 것은 우리가 존재하는 방식이 지닌 하나의 기능이다. 기독교 윤리학은 세상이 그리스도의 사역과 인격에 의해 속죄함을 받았다는 핵심 확신대로 기독교적 삶을 기록하기에 가장 적절한 이미지들(images)을 분석하며 상상력을 갖고 테스트

---

321) ibid., p.9. David Baily Harned, *Grace and Common Life*, University of Virginia, 1971 참조.

322) Stanley Hauerwas, *Character and the Christian Life*, Trinity University, 1975. p.3.

하는 개념적 학문이다.323)

그래서 두 가지 기능이 기독교 윤리학에 제안된다. 첫째는 분석적/기술적 기능과 둘째는 비판적/상상적 기능. 그것이 발생할 때, 하우어워스가 이 첫째 기능으로 관심을 향하는 것은 사회학이라기보다는 철학에 대한 관심에서이지만, 원칙적으로 그가 사회학을 선택할 수 있다는 점은 논의의 여지가 있다. 결국, 사회학은 그리스도인들의 도덕적 삶에서 그리스도인들에 의해 실제로 사용된 이미지들을 분석할 수 있고, 이러한 이미지들이 결정되거나 결정하는 방법들을 제안할 수 있다. 하우어워스의 분석에서 두 번째 기능은 배타적으로 신학 분야(분명히 첫째 기능에 해당되지 않는)에 속한다. 그래서 놀랄 것도 없이, 하네드는 특히 버거와 같은 사회학자들과 세속화 개념 같은 사회학적 개념들을 빈번하게 사용한다.324)

기독교 윤리학에 대한 이러한 이해들의 기술적 기능과 사회학 사이의 통합적 관계의 가능성이 나타나기 시작한다. 조사 대상은 신앙과 활동 사이의 일반적 상호관계(배타적으로 교회 내에서든지 아니든지 간에)가 아니라, 신앙과 도덕적 활동 사이 혹은 심지어 신앙과 잠재적인 도덕적 활동 사이의 구체적 상호관계이다. 이런 관점에서 보자면, 실천신학은 종합적 학문분야로, 그리고 기독교 윤리학은 그 안에서 특화된 학문분야로 나타난다. 이 둘 모두는 신앙과 행동 사이의 관계와 관련되어 있지만, 기독교 윤리학은 도덕적 행동에 특별한 초점을

---

323) Stanley Hauerwas, *Vision and Virtue*, Fides, 1974, p.2. Keith Ward, The Divine Image, SPCK, 1976 참조.

324) ed. James F. Childress and David Baily Harned, *Secularisation and the Protestant Prospect*, Westminster, 1970를 보라.

갖고 있다. 그러나 사회학은 분석이라는 근본적 과제를 수행하면서 (실천신학과 기독교 윤리학) 둘 모두에 통합적으로 관계되어 있다. 응용신학자의 과제를 사회학자의 과제와 구별해주는 것은 바로 순수한 기술적 분석 위에 보충되는 비판적, 평가적 요소가 덧붙여지느냐이다.

응용신학 내의 사회학

우리는 이제 사회학이 응용신학 분야에 사용될 수 있는 여러 방법들을 구별할 지점에 있다. 이 방법들은 사회학적 기술들의 가장 피상적이고 보조적인 채택에서부터 응용신학의 기능 자체로서 사회학의 통합적 사용의 범위에까지 이른다.

첫째, 사회학적 기술들은 응용신학이 작용하는 사회적 맥락을 드러내기 위해 사용될 수 있다. 가장 피상적인 단계에서, 이것은 응용신학에 크게 영향을 미칠 필요가 없다. 만일 실천신학이나 기독교 윤리학의 해설자가 사회 전체를 위해서가 아니라 신자들만을 위해서 의사소통하는 것에 만족한다면, 그는 자신이 움직이는 사회적 맥락에 거의 주의를 기울이지 못하는 것이다. 이 경우에, 사회학적 기술들은 응용신학에 대해 분명한 함의들을 거의 가지지 못한 채 사용될 수 있다. 이미 인용된 규범적 응용신학의 실례들 중 몇몇은 이러한 용례에 밀접하게 일치한다. 반면, 만일 응용신학자가 의사소통 및 사회 내에서 명백한 타당성 구조들과 관계되어 있다면, 일반신학자와 같이[325] 그는 사회학적 데이터를 더 신중하게 취급할 수밖에 없다.

---

325) Gill, op. cit.를 보라.

둘째, 사회학은 기술적/비판적 응용신학에 대한 분석적인 부분에서 통합적 역할을 수행할 수 있다. 신앙과 활동 사이의 구체적 상호관계를 평가함에 있어, 응용신학자는 신학의 사회적 구조에 대한 분석들에 의존할 수 있다. 이미 지적한 바와 같이, 기술적 실천신학과 기술적 기독교 윤리학에 적절한 구체적인 상호관계들은 사회적 독립변수와 사회적 종속변수로서의 신학에 대한 설명과 상당 부분 일치한다. 그럼에도 불구하고, 순수한 분석적 단계에서, 이들 둘 사이에 중요한 차이점이 있다. 일반적으로 사회학자가 '가정(could be)'보다는 '현재 상태(is)'에 집중하는 경향이 있는 반면(즉 사변적이기보다는 경험적인데), 응용신학 내에 종사하는 사회학자는 이들 둘 모두에 똑같은 관심을 기울이도록 격려받을 수 있다. '가정(could be)'을 '당위(ought to be)'와 혼동하지 않는 한, 그의 과제는 적절하게 사회학적인 것으로 남게 된다.326) 이런 식으로, 그는 응용신학이 단지 기존 활동의 분석에 만족하지 않는다는 조건을 실현할 수 있을 것이다. 그 잠재적 활동은 뚜렷하게 두드러진다.

셋째, 사회학은 신학의 사회적 결과들(the social consequences of theology)을 평가하는(evaluate) 것 외에 사정하는(assessing) 데 있어서 통합적 역할을 수행할 수 있다. 사회학의 가장 급진적 영향들이 응용신학 내에서 감지되는 것은 바로 이 지점이다. 구체적으로 신학이 평가적 비판적 학문이기 때문에, 신학은 신학의 사회적 결과들을 무시할 수 없다. (신학에 대해 애초에 내가 내린 정의로 되돌아가면) "개인의 종교적 신념들의 '추이'에 대한 설명" 내에서 필수적인 요소는 이런 설명이 '비판적'이라는 것이다. 응용신학의 기술적/비판적 이해

---

326) Martin, op. cit. 참조.

들 내에서 이것은 행동에 미치는 신앙의 영향력과 신앙에 미치는 행동의 영향력에 대한 비판적 평가를 포함한다. 이 점에서, 사회학은 일반적으로 신념 그리고 특별히 신학의 사회적 결과들을 부각시키는 데 결정적 기능을 수행할 수 있다는 것이다. 그 자체로 이런 결과들을 평가하지 않으면서도, 사회학은 신학의 자기평가에서 본질적인 요소를 제공할 수 있다.

제1장에서 나는 마르크스와 엥겔스의 『독일 이데올로기』가 단순히 신학에 대한 분석적 비평이 아니라 신학에 대한 도덕적 비평을 포함한다고 주장했다. 그 결과, 나는 그것이 전적으로 지식사회학이란 조건에서 신학에 대한 신뢰할 만한 해석으로 사용될 수 없다고 주장했다. 구체적으로 그 저자들이, 정신적 행위와 물질적 행위 사이의 구분 그리고 하나의 사회계급과 다른 사회계급 사이의 구분을 토대로 하여 신학을 폐기하려 했기 때문에 그들의 전반적인 주장은 사회학적으로 수용될 수 없다. 그러나 신학적 관점에서 보면, 그것은 더욱 정당성을 가질 수 있다. 기독교 신학 내에서, 최소한 신념들과 신념들에 대한 설명들은 그것들로부터 유발되는 행동들에 의해 부분적으로 평가될 수 있다. 그래서 기독교 역사를 통하여, '이단'은 단순히 왜곡된 신념들을 주장했기 때문이 아니라 왜곡된 행동들을 이끌었기 때문에 두려움의 대상이 되었다. 다른 한편, '정통'은 흔히 '도덕적으로 올바른 행위'와 서로 연관되었다. 『신에게 솔직히』의 교리적 도덕적 주장들 모두가 가장 즉각적인 영향력의 원인이 되었다는 것은 우연한 일이 아닐 것이다. 확실히 존 로빈슨 자신은 자신에 대한 많은 비평가들이 자동적으로 이 둘을 서로 연관시켰다고 믿었다. 그들에게는, 나쁜 신학은 나쁜 도덕적 행위로 이어진다.[327]

마르크스주의자들과는 대조적으로, 탈콧 파슨스(Talcott Parsons)는

종교적 신념과 철학적 신념을 구별하는 것은 바로 이러한 상호관계라
고 믿는다. 그는 이렇게 주장한다.

> 종교적 신념들은…… 이데올로기적 신념들의 비경험적 등가물
> (homologue)로 특징지어질 수 있다. 과학이나 철학과 대조해보면, 인
> 지적 관심은 더 이상 일차적 관심의 대상이 아니고, 가치평가적 관
> 심에 자신의 길을 내주게 된다. 그래서 종교적 신념의 수용은, 철학
> 적 신념의 수용이 그렇지 않다는 면에서, 행동 이행에로의 헌신이
> 다. ……종교적 개념들은 철학적 의미에서 사변적일 수 있지만 그
> 개념들에 대한 태도는 "글쎄요, 나는 그것을 이런 식으로 고찰하는
> 것이 말이 되는지 궁금합니다"라는 식으로 사변적이지는 않다.[328]

그래서 파슨스에게는, 종교적 신념들과 심지어 사변적인 종교적 개
념들(추측건대 신학)이 직접적으로 종교적 행동과 연결된다. 철학적
신념들과는 달리, 그것들은 단순히 '사변적'일 수 없다.

신학적 관점에서 보면, 특별한 신학적 개념들과 운동들의 사회적
결과들에 대한 평가가 그것들의 신학적 진리에 대한 검증에 있어서
중요한 요소가 될 수 있다. 그래서 신학적 진리에 대한 전통적인 철
학적 역사적 검증들과 함께, 부가적인 사회-신학적 검증이 배치될 수
있다. 그런 검증에서 사회학은 이런 개념들과 운동들의 실제적 잠재
적 결과들의 윤곽을 그리는 데 중요한 기능을 수행할 것이다. 물론,
이 결과들에 대한 마지막 평가는 사회학 외적인 기준에 의존할 것이

---

327) John, A. T. Robinson, *Christian Morals Today*, SCM Booklet, 1964를 보라.
328) Talcott Parsons, *The Social System*, Routledge & Kegan Paul, 1951, p.367.

다. 그럼에도 불구하고, 그것들의 윤곽은 전적으로 사회학에 의존할 것이다.

이 논점은 너무나 결정적인 것이어서 그것을 진지하게 다루기 위해 소수의 신학자들 가운데 한 명의 실례를 들어볼 만하다. '사회학의 신학적 읽기'에서, 그레고리 바움은 "사회학적 전통이 철학적 신학적 사상에는 부재한 기본적 진리, 철학과 신학의 바로 그 의미를 실제로 수정하는 진리를 포함한다"329)고 확신하게 되었다. 특히, 반유대주의의 신학적 뿌리들에 대한 사회 신학적 분석과 비평은 신학의 사회적 결과들에 대한 연구의 중요한 본보기를 제공한다.

다수의 다른 분석가들과 함께330) 바움은 신약성경의 어떤 해석들에서 기독교 내 반유대주의의 기초를 발견한다. 그는 "거의 처음부터, 기독교회가 예수의 비판적 설교, 특히 서기관들과 바리새인들, 성전 제사장들, 유대인이라 불리는 경계선이 명확하지 않은 어떤 집단의 위선, 율법주의, 집단적 무분별에 대한 고발을 투사했다"고 주장한다.331) 어떤 본문들 — 그중에서도 특히 마태복음 23장, 갈라디아서 3, 4장과 요한복음 5, 8장 — 에 기초해서, 교회의 명백한 유대적 전통에도 불구하고, 반유대주의가 초대교회에서 곧 확립되었다.

바리새인들에 반대하는 신약의 논쟁들은 이스라엘 역사에서 이들

---

329) Gregory Baum, *Religion and Alienation*, Paulist, 1975, p.1.

330) 예컨대 Rosemary Reuther, *Faith and Fratricide*, Seabury, 1974. Gregory Baum, *The Jews and the Gospel*, Bloomsbury, 1961, Charlotte Klein, 'Vatican View of Jewry, 1939-62,' *Christian Attitudes on Jews and Judaism*, No.43, Aug. 1975, 'The Vatican and German-Italian Antisemitism in the Nineteen-Thirties,' *Judacia*, Sept. 1975 참조.

331) Baum, *Religion and Alienation*, op. cit., p.76.

그룹의 성격과 기능을 왜곡시킨다. 최근의 학문은 바리새인 개혁의 영적 인도적 특성을 발표했다. 예수 자신과 아마도 그의 초기 제자들이 그들 자신의 백성들의 종교에 있던 부패 경향을 비난하기 위해 거칠고 예언적인 언어를 사용하기는 하지만, 이후의 기독교 설교자들은—더 이상 자신을 이스라엘 민족과 동일시하지 않으면서, 회당과의 충돌 상황 속에서—이스라엘의 종교에 관해 외부자들에 의해 선언된 판단으로서 똑같은 말을 반복했다. 이런 식으로, 예수의 예언자적 훈계들은 다른 의미를 획득했다. 그것들은 바리새인들에 반대하는 무기로서 그리고 결국 전체 유대 민족에 반대하는 무기로서 사용되었다.[332]

반유대주의와 어떤 종교적 신념 형태들 사이의 적극적 상호관계를 제시하는 현대적 증거에 대해[333] 잘 인식한 바움은 그것이 처음에 반유대주의가 기독교에 소개된 사회적 맥락에서의 변화였다는 부가적인 사회학적 분석을 진전시킨다. 더욱이 그는 헤겔의 '소외시키는 종교'와 유대교의 동일시 같은 사건들이 "어떤 실제 사람들의 이미지를 영속화시켰는데, 그 이미지는 이 민족에 대한 편견과 경멸을 불러일으켰고 그들의 종교가 억압받는 것을 보고자 하는 욕구를 불러일으켰다"고 주장한다.[334]

그의 주장에서 이 논점에 이르기까지, 바움은 신념의 사회적 결과

---

332) ibid., p.77.

333) Charles Y. Glock and Rodney Stark, *Christian Beliefs and Anti-Semitism*, Harper, 1966, Richard L. Gorsuch and Daniel Aleshire, 'Christian Faith and Prejudice: Review of Research,' *Journal for the Scientific Study of Religion*, Vol. 13, No. 3, 1974 를 보라.

334) Baum, op. cit., p.10.

들을 확인하기 위해 사회학의 분석틀을 사용한다. 그러나 그는 또한 '소외'— 소외를 사회학적 용어로보다는 신학적 용어로 이해하면서 — 라는 관점에서 신학적 비평을 제공하고 있음이 곧 분명해진다. 더욱이 조직신학에 근거한 자신의 분석 결과들을 돌아보면서, 그는 그 분석이 반대로 반유대주의의 재발을 피하는 방식으로 틀이 갖추어져야 한다고 주장한다. 그는 이것을 다음과 같이 강력하게 주장한다.

> 아우슈비츠는 기독교의 자기이해를 위한 전환점이 되어야 한다. 그것은 우리에게 사회적 종교적 병리 현상의 힘을 드러내준다. 그것은 종교에 있는 파괴적인 경향들의 무시무시한 귀결들을 폭로한다. 최선의 타락은 최악을 낳는다(Corruptio optimi pessima). 그리스도인들이 행하도록 명령을 받는 것 — 이것이 본서의 목적의 일부인데 — 은 기독교 전통에서 불의를 정당화하는 억압 구조들과 상징 구조들에 직면하는 것이다.[335]

바움의 주장의 세부사항들은 그것의 전체 구조보다는 덜 중요하다. 특별한 기독교적 신념들에 대한 사회적 결과들을 확인하기 위해 사회학을 사용하면서, 그는 그것들을 평가하기 위해 신학을 사용한다. 그래서 그는 앞으로 그 사회적 결과들에 반대할 수 있는 기독론적 구원론적 수정사항들을 제안하면서, 이러한 가치 평가된 사회적 결과들을 곧바로 신학 그 자체에 계속해서 적용한다. 그래서 사회학은 이러한 신학적 진리에 대한 급진적 테스트에서 결정적인 역할을 수행한다.

---

335) ibid., p.83. Francis Schüssler Fiorenza, 'Critical Social Theory and Christology,' in *Proceedings of the 30th Annual Convention of the Catholic Theological Society of America*, New Orleans, 1975 참조.

마지막으로, 사회학은 기독교 윤리학 내에서 공유되는 상호작용의 패턴들을 분석함에 있어서 통합적 역할 — 기독교 윤리학의 기술적/비판적 이해들에 한정되지 않은 역할 — 을 할 수 있다. 현대 기독교 윤리학에 대한 가장 간략한 조사에서조차도, 기독교 윤리학이 상당한 정도의 다원주의적 특징을 갖고 있음을 볼 수 있다. 근년에는 기독교 윤리학에 대한 규범적, 도덕률 폐기론적, 상황주의적, 맥락주의적, 처방적, 기술적/비판적, 가톨릭, 개신교, 에큐메니컬 및 많은 다른 이해들 모두가 제안되었다. 이러한 명백한 다원주의에 직면해서, '기독교' 윤리학의 유일한 명칭을 정당화하는 어떤 공통 요소를 구체화하는 것은 극히 어렵게 되었다.336) 심지어 기독교 윤리학의 구체적인 기독교적 특징이 코이노니아(공동체적 친교) 내에 위치하고 있다는 레만의 주장조차도 경험적 단계에서는 부적절한 것인데 그 이유는 기독교 윤리학에 대한 몇몇 해설자들이 이런 식으로 특징을 제한하려 하지 않는다는 것이 명백하기 때문이다. 사회학적 관점에서 보면, 기독교 윤리학에 대한 다양한 접근들이 공통으로 가질 수 있는, 그리고 그것들을 도덕철학과 구별해주는 유일한 특징은 순수한 윤리적 요소들이나 사회적 요소들만큼이나 신학적 요소들을 도덕적 상황에도 적절한 것으로 간주하는 경향이다.

따라서 기독교 윤리학 내에서 연구하는 사회학자는 주어진 도덕적 상황에서 잠재적으로 그리고 실제적으로 사회적, 윤리적 및 신학적 변수들이 상호작용하는 방법에 대한 설명을 연구할 수 있다. 이것은 기독교 윤리학에 대한 '새로운' 접근인 체하는 것이 아니다. 그것은 도덕성에 대한 기독교의 적절성을 탐구하는 다른 어떤 수단이 아니

---

336) Ian T. Ramsey, op. cit.,에 실린 에세이들과 James M. Gustafson, *Can Ethics be Christian?*, University of Chicago, 1975를 보라.

다. 그것은 오히려 기독교 윤리학의 다양한 이해들을 포함하는 몇몇 경험적, 잠재적 요소들을 바라보기 위한 분석적 틀을 공급하는 것이다. 충돌하는 접근들 사이에서, 공유하는 상호작용의 패턴들에 초점을 맞추는 것은 기독교 윤리학에 대한 그들의 공통적 주장을 명료하게 하는 데 도움을 줄 수 있다.

기독교 윤리학에 대한 이러한 본질적인 사회학적 접근은 응용신학 내에서 사회학의 다른 사용들보다 더 전체론적(holistic)이다. 그것은 신학을 "개인적인 종교적 신념들의 '추이'에 대한 해석"으로 보기보다는, 신학을 "일반적인 종교적 신념들 사이의 상호관계들과 상호작용들에 대한 해석"으로 보는 것에 더 중심을 둔다. 일반적인 윤리사회학(the sociology of ethics)처럼,337) 그것은 부분적으로 일반 사회와 마주하고 있는 그 학문의 사회적 결정요소들 및 사회적 중요성에 입각한 분석을 필요로 한다. 편의상 이것은 '외적(external)' 분석이라 부를 수 있다. 그러나 기독교 윤리학에 대한 분석이 실제적으로 그리고 잠재적으로 기독교 윤리학 내에서 상호작용하는 신학적, 윤리적, 사회적 변수들에 대한 고찰을 필요로 하는 한, 그것은 분명히 윤리사회학과는 일반적으로 다르다. 그래서 '기독교' 윤리학에 첨부된 특별한 문제들은 다시금 편의상 '내적(internal)' 분석이라고 부를 수 있는 다른 종류의 분석을 필요로 한다.

---

337) Alasdair MacIntyre, *A Short History of Ethics*, Routledge & Kegan Paul, 1967, Maria Ossowska, *Social Determinants of Moral Ideas*, Routledge & Kegan Paul, 1971, John H. Barnsley, *The Social Reality of Ethics*, Routledge & Kegan Paul, 1972를 보라.

내적 분석과 전쟁에 대한 기독교적 반응들

간략한 실례는 이러한 '내적' 분석이 작동할 수 있는 방법을 명료화하는 데 도움을 줄 것이다. 전쟁의 윤리적 이슈에 대한 기독교적 반응들 주변에서 맴돌고 있는 순환되는 주제는 적절하고 사실을 밝히는 데 도움을 주는 케이스 스터디를 공급해준다.

그 분석들은 이미 전쟁에 대한 기독교적 반응들의 '외적' 분석의 일부를 구성하는 제2장과 제4장에서 제공되었다. 그래서 한편으로 콘스탄티누스 이후의 교회들에서 정당 전쟁론들의 형성에 책임이 있는 사회적 결정요소들에 대한 고찰과 다른 한편으로 평화주의 신학들의 사회적 중요성에 대한 고찰은 응용신학의 기술적 기능의 일부로 보일 수 있다. 기술적/비판적 실천신학은 신학과 행동의 단순한 상호관계를 넘어서기를 원하며, 이러한 맥락에서 신학에 대한 실제적 혹은 잠재적 반응들에 대한 신학적 관점에서의 비판을 산출하지만, 최소한 그 비판은 그러한 사회학적 분석으로부터 출발할 수 있다. 이와 비슷하게, 기술적/비판적 기독교 윤리학은 이러한 맥락에서 신학과 특정한 도덕적 활동 사이의 상호관계를 넘어서며 그 자체로 신학적 비판을 제공하지만, 그러한 신학적 비판 역시 사회학적 분석이나 또는 그런 유사한 것으로부터 출발할 수 있다. 여기서 차이점은 분리된 노력을 요구할 정도로 크지는 않다.

그러나 '내적' 분석의 과제는 다소 다를 것이고, 그래서 이에 관해 간략하게나마 초점을 맞추는 것이 가치 있을 것이다. 여기서 사회학자는 전쟁에 대한 기독교적 반응들에 대해 원래부터 갖고 있는 신학적, 윤리적, 사회적 변수들 사이의 실제적 및 잠재적 상호작용들을 명백히 할 것이 요구된다. 사회학자가 '외적', '내적' 분석을 위해 특히 흥미 있는 데이터를 형성한다는 것을 지적하는 것은 가치 있는 일이다. 확실히 찰스 레이븐은 이 연구 영역이 "신념과 실천 사이의 상호관계, 기독교적 신앙과 개인윤리 및 사회윤리의 문제들 사이의 상호관계"에 관한 분석을 위한 놀라운 주제를 공급해준다고 믿었다.[338]

이 맥락에서 잠재적으로 적절한 신학적 변수들에 대한 분석에서 고려되어야 하는 항목들 중에서, 다음의 일곱 가지가 포함되어야 한다. 첫째, 하나님에 대한 이미지들은 전쟁에 대한 다양한 반응들에 적절할 수 있다. 그래서 정의의 개념이라는 관점에서 틀을 갖춘 하나님 이미지는 사랑이라는 관점에서 틀을 갖춘 하나님 이미지와는 다른 반응을 불러일으킬 수 있다. 확실히, 정당 전쟁론자인 폴 램지가 '자연적 정의를 변혁시키는 사랑(love transforming natural justice)'이라는 개념을 주장한 반면,[339] 평화주의 신학자 레이븐은 하나님의 사랑을 강조하는 경향이 있었다.[340] 둘째, 성경에 대한 태도들이 관련 있을 수 있다. 구약에서 뚜렷이 나타나는 군국주의는 신약의 명백한 평화주의와 예리하게 대조를 이루며, 다른 신학자들은 전쟁에 대한 그들의 특별한 반응들을 확증하기 위해 다른 쪽보다는 한쪽을 강조하는 경향이 있을 수 있다. 이런 이유로 윌리엄 템플은 레이븐을 마르시온주의자(a Marcionite)라고 비난했으며, 반대로 레이븐은 자신이 느꼈던 것이 복음서에 논쟁의 여지가 없는 증거가 있다고 강조했다는 것을 여기서 지적하는 것이 적절하다.[341] 여기서 야기되는 이슈는 단지 신학자가

---

338) Charles E. Raven, *The Theological Basis of Christian Pacifism, The Fellowship of Reconciliation*, 1952, p.1.

339) Paul Ramsey, op. cit., p.110.

340) Raven, op. cit., p.37f.

341) Raven, op. cit.를 보라.

구약이나 신약에 두는 상대적 강조만이 아니라, 대체로 성경의 권위에 대한 그의 태도이다.342) 정의의 개념이 구약에 더 전형적이며 신약에는 사랑 개념이 더 전형적이라고 여겨질 수 있는 한, 먼저 나오는 이러한 두 변수들은 그들 스스로 연결된다. 결과적으로, 하나님의 특별한 이미지들은 성경에 대한 특별한 태도에 의존한다.

셋째와 넷째 변수들 — 기독론과 구원론 — 도 서로 또한 연결될 수 있으며, 또한 성경에 대한 태도들과 심지어 하나님의 이미지들에 의존적일 수 있다. 기독론이 변수로서 적절한 것은 칼 바르트나 윌리엄 템플 같은 선택적 군국주의자들의 성육신적 기독론을 레이븐이 주장하는 기독론에 대한 더 영적인 접근과 비교함으로써 윤곽이 드러날 수 있다. 최소한 템플은 레이븐을 아폴리나리우스주의자(Apollinarianism)로 의심했다.343) 구원론 역시 적절한 듯이 보인다. 레이븐이 '그리스도를 본받음(Imitatio Christi)'이라는 관념에서 평화주의를 위한 신학적 기초를 놓았다는 것이 이미 제시되었다.344) 그리스도의 행위와 그리스도인들의 행위 사이의 밀접한 상호 관계를 전제로 하지 않는 속죄에 대한 이해들은 반드시 같은 패턴을 부과하지는 않는다. 그래서 그리스도의 철저한 유일성이란 관점에서의 기독론에 대한 이해와 그리스도와 그리스도인들 사이의 철저한 비연속성이라는 관점에서의 구원론에 대한 이해라는 이 두 변수들은 반대되는 이해들보다는 더 효과적으로 군국주의 입장들을 지지할 수 있게 한다. 덧붙여서, 하

---

342) G. H. C. Macgregor, *The New Testament Basis of Pacifism*, James Clarke, 1936 참조.

343) F. W. Dillistone, *Charles Raven: Naturalist, Historian and Theologian*, Hodder & Stroughton, 1975, John H. Yoder, *Karl Barth and the Problem of War*, Abingdon, 1970를 보라.

344) Raven, op. cit., p.22.

나의 기독론적 혹은 구원론적 모델이 신약에 독점적으로 나타나지 않기 때문에, 다른 신학자들은 그에 대한 다른 특징들을 강조하는 경향이 있었고, 그에 따라, 하나님에 대한 다른 이미지들을 가지고서 자신의 결론들을 지지했다.

다섯째와 여섯째로, 혹자는 교회론과 종말론의 변수들을 구분할 수 있고 상호연결시킬 수 있다. 제2장에서, 전쟁에 대한 다른 반응들이 부분적으로 다른 형태의 종교 기관들을 반영할 수 있다는 것이 제안되었다. 그래서 선택적 군국주의가 교회의 성격을 나타내기는 하지만, 철저한 평화주의는 종파에만 가능한 입장이다. 물론, 모든 종파들이 평화주의 지향적(주류는 그렇지 않다)이거나 모든 교회 구성원들이 선택적 군국주의자들(결국 레이븐은 아니었다)이라고 주장될 수는 없지만, 교회적 신학들과 종파적 신학들 사이의 차이점들이 전쟁에 대한 그들의 다른 반응들에 대한 이해를 위해 적절할 수 있다는 것은 가능한 일이다. 종파들 사이를 구별 짓는 요소라 주장할 만한 국가에 대한 그들 각각의 반응들이 어떠한지는 논쟁중인 사항이다.[345] 그래서 사회에 대한 그들의 급진적 반대는 여호와의 증인들에게 특정한 사회의 전쟁들에 대해 반대하도록 격려할 수 있다. 이처럼, 제4장에서 주장한 바와 같이, 임박한 재림에 대한 그들의 강조는 어떤 사회의 전쟁에 대한 지지를 그럴듯하지 않은 것으로 만든다. 이와 반대로, 제3장에서는 교회들이 공공의 도덕성에 관한 이슈에서 주로 사회와 거의 다르지 않은 경향이 있다 ― 그리고 심지어 성적 도덕성에 관한 이슈에서조차도, 그들의 견해들은 결국 일반 사람들의 견해에 순응하는 경향이 있다 ― 는 것이 주장되었다. 이와 비슷하게, 교회들은 국가나

---

345) Bryan Wilson, *Magic and the Millenium*, Heinemann, 1973, p.18f를 보라.

사회의 전쟁들에 대해 급진적으로 반대하면서 좀처럼 임박한 그리고 격변적 종말론을 유지하는 경우는 매우 드물다. 예를 들면, 여호와의 증인 신학의 종파적 묵시적 특징들이 신구약에 나타난 묵시적 부분들에의 특별한 강조와 이해 위에, 그리고 분노의 하나님에 대한 이미지들과 그가 성취하는 특별한 종류의 구원 위에 많이 빚지고 있는 것이 분명하기 때문에, 또한 다른 신학적 변수들과의 상호연결들이 뚜렷이 나타난다.

마지막으로, 전쟁에 대한 기독교적 반응들의 맥락에서 신학적 인간관이 하나의 적절한 변수로 제시될 수 있다. 인간의 타락한 본성을 너무 크게 강조하는 것은 전쟁의 불가피성346)과 잠재적으로 폭력적 제지의 필요성347)에 대한 신념을 조장할 수 있다. (성경의 어떤 이해들에 많이 빚지고 있는) 신학적 기초들 위에서, 인간은 타락하고 그 결과 본질적으로 호전적인 것으로 보인다. 반대로, 퀘이커교도들과 교회들 내의 일부 개인들의 전형적인 평화주의348)는 인간이 본질적으로 구속될 수 있는 것으로 이해하는 다른 신학적 인간론을 제안한다. 다시 한 번, 템플이 레이븐을 펠라기우스주의자(Pelagianism)로 의심했다는 점은 놀라운 일이 아니다.349) 더욱이 비폭력적 행동이 가능한 결과라는 어떤 성직자들의 주장은 원죄 하에 있는 인간의 극단적인 감금(imprisonment)보다는 인간의 본질적 구속가능성(redeemability)의 교리를 제안한다.350)

---

346) Eberhard Welty, *A Handbook of Christian Social Ethics*, Nelson, 1963, Vol. 2 참조.

347) T. R. Milford, *The Valley of Decision: the Christian Dilemma in the Nuclear Age*, British Council of Churches, 1961 참조.

348) J. Milton Yinger, *The Scientific Study of Religion*, Collier-Macmillan, 1970, p.467f를 보라.

349) Dillistone, op. cit.를 보라.

이 맥락에서 이러한 신학적 변수들의 목록이 철저하다고 주장하지 않으면서도, 잠재적 상호연결들의 복잡한 패턴이 이미 나타난다고 볼 수 있다. 그러나 이런 복잡성은 그 분석 안에 윤리적 사회적 변수들을 부가함으로써 더 심해진다. 그래서 다양한 윤리적 이론들이 전쟁에 대한 기독교적 반응들 내에 뚜렷이 나타난다. 현대 퀘이커교도들의 반응은 양심과 실용주의에 대한 급진적 호소의 혼합을 포함하는 듯이 보인다. 인간 전쟁들에 대한 그들의 반대는 어떤 철저한 평화주의자들의 규범적 자세를 취하지 않는다. 그들은 양심을 근거로 해서, 싸울 수 없다고 느끼긴 했지만, 간호병들로 복무했다(더 규범적 접근을 따르는 자들의 견해에서 보면, 이것은 '전쟁의 노력'에 보조함으로써 타협한 것이다351)). 이는 그들이 평화주의의 이상에 대한 '편협한 증언'을 하는 과정에서 일어난 일이다.352) 전쟁에 반대하는 억제책들로서 핵무기의 채택은 윤리학의 공동선 이론(common-good theory)이란 관점에서 다른 그리스도인들에 의해 정당화되었다.353) 로마 가톨릭의 도덕 신학자들 가운데서는 전통적으로 자연법이 방어 전쟁을 정당화하는 것으로서 사용되었다.354) 다른 한편, 개신교 신학자 알베르트 슈바이처(Albert Schweitzer)는 '생명에 대한 경외'의 자연적 원리라는 관점에서 자신의 철저한 평화주의를 정당화했다. 다른 한편, '사람들에 대한 존중'의 관념은 정당 전쟁론들이나 철저한 평화주의 이론

---

350) United Reformed Church, *Non-Violent Action*, SCM, 1973 참조.

351) Peter Brock, *Pacifism in Europe to 1914*, Princeton University Press, 그리고 Peter Brook, *Twentieth-Century Pacifism*, Van Nostrand Reinhold, 1970를 보라.

352) Yinger, op. cit., 그리고 Bryan Wilson, *Religious Sects*, Weidenfeld & Nicolson, 1970, p.181 참조.

353) 이를테면 Milford, op. cit.

354) 이를테면 Welty, op. cit.

의 형성에서 하나의 원리로 흔히 인용된다.

전쟁에 대한 기독교적 반응들에 관한 이전의 논의들에서 제안했던 것처럼, 사회학자는 또한 사회적 변수들의 복잡한 조건들에 직면한다. 사회학자는 신학적 변수들이 작용할 수 있는 네 단계들 ─ 신학자들, 설교자들, 청중 및 외부인들 ─ 과 신학의 사회적 변수들을 고찰할 때 그가 채택할 수 있는 세 가지 접근들 ─ 사회문화적, 사회정치적 및 사회교회론적 ─ 을 고려할 뿐만 아니라, 채택되어야 하는 무기들의 형태, 공격의 근접성, 승리의 가능성 등과 같은 다양한 다른 요소들을 또한 고려해야 한다.

실제적으로 그리고 잠재적으로, 전쟁에 대한 기독교적 반응들 내에 명백하게 있는 신학적, 윤리적, 사회적 변수들에 대한 '내적' 분석은 사회학자을 당혹스럽게 하는 일련의 상호연결들을 제출한다. 레이븐 같이 한결같은 신학자의 경우에 혹은 여호와의 증인들같이 비교적 획일적인 종교 기관의 경우에 이런 연결들을 추적할 가능성이 있기는 하지만, 전쟁에 대한 기독교적 반응들의 어떤 전체적 지도는 대단히 복잡하다는 것이 입증된다. 그럼에도 불구하고, 모든 기독교 윤리학에 공통으로 존재하는 특징과 대체로 그것들을 윤리학과 구별하는 특징은 이미 개요를 그린 신학적 변수들을 그들이 사용하는 데서 나타난다. 잠재적으로 최소한 이 일곱 가지 신학적 변수들은 전쟁에 대한 기독교적 반응들에서 결정적인 것으로 보인다. 물론, '외적' 분석 하에서 이를 실험적으로 증명하는 것은 어렵다. 그러나 '내적' 분석은 이것을 하나의 가능성으로 제안한다.

윤리적 '당위(oughts)'가 곧 신학적 '현재 상태(is's)'로부터 파생된다는 것을 명백하게 제시하기 때문에, 이런 분석 형태는 범주의 실수를 저지르는 듯이 보일 수 있다. 부분적으로, 이것은 흔히 레만의 맥락주의 ― 윤리 이론들의 중재 없이 교리적 입장들로부터 행위의 관례들을 끌어냄으로써 그가 기독교 윤리학 분야에 끼워 넣는 것 ― 에로 향하는 비평이다.355) 이 비평이 레만의 경우에 옳은지 그른지 간에, 그것은 현재의 분석에는 거의 적절하지 않다. 여기서는 신학적 변수들이 곧 윤리적 결정들을 정한다고 제안하지 않으며, 단순히 신학적, 윤리적, 사회적 변수들의 복잡한 상호작용에서 이 변수들 각각이 전쟁에 반응하는 그리스도인에게 개방되어 있을 가능성들의 범위를 정한다고 제안하지도 않는다. 사랑이신 하나님에 대한 이미지는 그 자체로 어떤 그리스도인이 철저한 평화주의자인지 아니면 선택적 군국주의자인지를 결정하지 않는다. 왜냐하면 둘 모두 그 이미지를 자신의 원리로서 주장할 수 있기 때문이다. 평화주의자는 사랑의 하나님이 그에게 모든 전쟁을 단념하기를 원하신다고 믿고 군국주의자는 같은 하나님이 그에게 자기 나라를 지키기를 원하신다고 믿으면서 말이다. 그러나 양자 모두는 하나님이 사랑이시라는 것을 거부하는 방식으로 전쟁에 대해 반응할 수 없다고 주장한다. 더욱이 다른 신학적 윤리적 변수들과 협력하여, 이 원리는 확정적인 것이 된다. 찰스 레이븐이 지적한 실례처럼 말이다. 이와 비슷하게, 여호와의 증인들의 종파적, 종말론적, 성경적, 구원론적 신념들의 특별한 혼합은 전쟁에 대해 그들이 보일 수 있는 반응들을 상당히 제한한다. 평화주의자들로 선언되지 않고서도, 그들은 사회의 전쟁들에 참가할 수 없다. 여기서 신학적 입장들은, 교리적 신념들로부터 직접 윤리적 규범들을 이끌어내지 않고, 윤리적 선택의 가능성들을 명백하게 제한했다. 그래서 탈콧 파슨스가 제안하는 것처럼 가치 지향성들은, 비록 그것들이 전적으로 신

---

355) Paul Ramsey, op. cit., 그리고 Hauerwas, *Character and the Christian Life*, op. cit.를 보라.

념들에 의해 결정되지 않는다 하더라도, 신념들에 의해 '안내'를 받는
다.356)

　이 간략한 사례 연구는 기독교 윤리학에 대한 사회학적 설명의 완
전한 복잡성을 증명하는 데 도움이 된다. 복잡성이 불가피하다는 점
은 현대 기독교 윤리학 내에 있는 상당한 다원주의로부터 분명 드러
난다. 기독교 윤리학을 '행하는(doing)' 다른 방식을 제공하지 않고,
사회학적 설명은 최소한 기독교 윤리학의 기능과 역할을 명료화하는
데 도움을 줄 수 있다. 이것은 그 자체로 하나의 순수하게 이론적인
학문분야로서 응용신학에 중요한 기여를 할 것이다.

---

356) Parsons, op. cit., p.379를 보라.

제 7 장

신학 — 상호작용주의 관점

본서 전체를 통하여, 신학의 결정요소들 및 신학의 중요성에 관한 분리된 초점이 절차상 피할 수 없는 것이었지만, 그럼에도 불구하고 그러한 분리된 초점으로 인해 신학이 사회 내에서 실행하는 역할이 왜곡된다고 주장되었다. 본문의 여러 부분에서, 나는 신학이 사회 내에서 하는 역할이 사회학자에게 상호작용들의 복잡한 망을 제시한다고 지적했다.

이러한 상호작용들이 기능하는 방식에 대한 어떤 지적 없이 결론을 내리는 것은 자료를 정확히 처리하지 못하는 것이다. 나는 지식사회학의 관점으로부터 신학에 대한 완전한 설명을 시도한 것이 아니다. 예를 들면, 신학적 사회화나 교육의 다른 패턴들에 대한 분석과 신학의 사회적 기원들에 대한 해석적 설명을 제안하지 않았다. 그럼에도 불구하고, 종속변수 및 독립변수로서의 신학에 대한 해석과 이들 두 가능성 사이의 복잡한 상호작용들에 관한 분석은 신학을 사회학적으로 이해하는 데 기본적인 핵심을 구성한다.

신학의 사회적 결정요소들과 사회적 중요성을 분리해서 초점을 맞추는 것에 대한 중요한 정당화는 그러한 초점이 사회학자에게 경험적으로 다루기 쉬운 연구 영역을 제안한다는 것이다. 흔히 지식사회학에 대한 비판들 중 하나는 학문의 엄격성이 부족하다는 것이다.[357] 현대적 자료의 경우에는 경험적으로 시험할 수 있는 가설들도 아니고, 역사적 자료의 경우에는 엄격한 비판 이론들이 아닌 가설들을 산출하는 경향이 있었다. 그러한 일반화를 피하기 위해서, 나는 왜곡될 수밖에 없는 그 어떤 초점이 비판적 분석이 가능한, 명백하게 내용이 규정된 목표를 지식사회학에 제공한다고 주장했다.

신학에 대한 상호작용주의적 접근에 기초한 분석이 너무 복잡해서 엄격한 조사를 유지할 수 없게 한다고 입증될 수도 있지만, 그 증거 자체는 그런 분석의 필요성을 이상적으로 지적하는 듯이 보인다. 그래서 사회학자에게 하나의 딜레마가 주어진다. 신학의 사회적 결정요소들과 사회적 중요성이라는 조건으로 분리해서 수행하는 신학 연구는 사회학적으로 그럴듯한 결과들을 생산하는 듯 보이지만, 그런 연구 과정에서 드러난 증거는, 심지어 가장 철저한 사회학적 분석조차도 적절하게 해결하는 데 실패할 수 있는 신학과 사회 사이의 복잡한 상호작용들의 망을 지적하는 듯이 보인다. 신학의 사회학적 설명들과 관련된 현재의 미성숙한 상태를 고려한다면, 비록 반드시 어떤 초점을 맞출 수밖에 없다 하더라도, 오히려 더 엄격한 연구가 선택되어야 한다.

심지어 『프로테스탄트 윤리와 자본주의 정신』[358]에 포함된 베버의 논지에 대한 간략한 재검토에서조차도, 신학과 사회 사이의 상호 작

---

357) Karl Mannheim, *Ideology and Utopia*, Routledge & Kegan Paul, 1936, p.40f, 그리고 Peter Hamilton, *Knowledge and Social Structure*, Routledge & Kegan Paul, 1974 참조.

358) Max Weber, *The Protestant Ethic and the 'Spirit' of Capitalism*, Scribner, 1958.

용들의 복잡성을 지적하기에 충분하다. 이미 제안했던 것처럼, 현대 신학을 엘리트적 자본주의(elitist capitalism)의 상황 내에 있는 부르주아들의 표현으로 보았던 마르크스 및 엥겔스와는 대조적으로, 베버는 칼빈주의 신학 내에 있는 독특한 특징들이 서구에서 자본주의의 발흥에 공헌했을 가능성을 제시했다. 그래서 마르크스와 엥겔스는 신학을 단순히 사회 내에서 종속변수로 보는 경향이 있었던 반면, 베버는 신학이 종속변수와 독립변수 둘 다로 작용했을 가능성을 받아들였다. 겉으로 보기에, 신학과 자본주의의 관계에 대한 두 가지 설명은 서로 배타적이다. 한쪽의 설명에서는 신학이 자본주의의 표현으로 이해되는 반면, 다른 쪽의 설명에서는 그것이 자본주의의 발흥에 공헌한 특징으로 이해된다.

그러나 이런 식으로 두 이론을 대비시키는 것은 너무 단순한 방법이다. 베버가 신학과 자본주의의 관계에 대한 분석을 계속했더라면, 그 역시 마르크스와 엥겔스의 논지의 일부를 채택했을지도 모른다. 베버가 신학의 공헌을 자본주의의 발흥에(그 이후의 유지가 아니라) 적용했다는 것은 명백하다. 한때 칼빈주의 신학에 의해 촉진된 것으로, 자본주의 정신에 가장 적절한 독특한 도덕적 속성들은 그것들의 종교적 근원들 없이도 생존할 수 있었다. 그 결과 베버가 자본주의의 발흥에 기여한 신학에 관한 자신의 원래 논지를 주장하면서도, 마르크스 및 엥겔스와 함께, 현대신학이 기본적으로 자본주의의 표현이라고 주장할 수 있었을지도 모른다. 이런 이해 위에서 신학은 자본주의의 발흥을 촉진하는 데는 결정하는 역할을 하고, 이미 구축된 자본주의의 의해 영향을 받는다는 점에서는 결정된 역할과 조화를 이룬다. 최소한 이론적으로는, 신학 대 자본주의의 이러한 두 가지 분석들 사이의 필연적인 충돌은 없다.

그러나 혼란스럽게도, 베버는 서구에서 자본주의의 발흥과 관련된 신학적 요소들에 대한 분석을 "더 높은 숙련 노동자 계급뿐만 아니라 비즈니스 리더들과 자본 소유주들, 심지어 현대 기업들 내의 더 높은 기술적 상업적 훈련을 받은 개인들조차도 압도적으로 개신교인들이 많다는 사실"에 대한 관찰로 시작한다.359) 비록 이 관찰이 발전된 것으로서 그의 이론과 완전히 통합되지는 않지만, 자본주의와의 관계에서 개인교인들의 명백하게 '자율적인' 성격에도 불구하고, 가톨릭교인들과 개신교인들 사이의 차이점들이 여전히 지속될 것이라는 가능성이 제시되는 것처럼 보인다.360) 이러한 뚜렷한 차이점들이 그들 스스로 신학적 차이점들에 의존되어 있는 한, 경험적 분석이라는 두려운 과제가 사회학자에게 주어진다. 베버가 특히 영향을 받는다고 생각되는 칼빈주의 신학 내에 있는 다양한 특징들 — 그중에서도 특히 소명, 예정설, 내부의 세속적 금욕주의, 성화의 개념들361) — 을 주의 깊게 확인하면서, 사회학자는 신학이 자본주의의 발흥과 자본주의 내에 있는 기존의 태도의 차이점들에 공헌할 수 있었고, 동시에 자본주의의 표현이 될 수 있었을지도 모르는 그런 가능성에 직면하게 된다.

비록 신학과 자본주의 사이의 관계에 관한 베버나 마르크스 및 엥겔스의 특별한 이론들이 사회학자에 의해 거부된다 하더라도 사회학자는 여전히 그들을 무시할 수 없는데, 왜냐하면 그 이론들의 타당성에 의존하지 않는 새로운 요소가 그 상황 속으로 들어간 것이 분명하

---

359) ibid. p.35.

360) Gerhard E. Lenski, *The Religious Factor*, Doubleday, 1961, 또한 ed. Charles Y. Glock & Phillip E. Hammond, *Beyond the Classics?, Essays in the Scientific Study of Religion*, Harper & Row, 1973, pp.113-130를 보라.

361) Gary D. Bouma, 'Recent 'Protestant Ethic' Research,' *Journal for the Scientific Study of Religion*, Vol. 21, No. 2, 1973를 보라.

기 때문이다. 현대신학 내의 어떤 흐름들은 실제로 베버적 분석이나 마르크스적 분석들을 그들의 자기이해 안으로 통합했다. 신학과 사회 사이의 상호작용들의 복잡한 망이 뚜렷하게 되는 것은 바로 정확하게 이 지점에서다. 신학은 일반 사회에 대해 다양한 다른 반응을 할 수 있는 "매우 복잡하고, 여러 층위를 가지고 있으며, 양가적인 현상"(바움이 종교를 묘사하는 것처럼)[362]이라는 관점에서 관찰될 수 있을 뿐만 아니라, 실제로 신학에 대해 명시적으로 있는 그대로를 보여주는 분석들을 신학 내부로 흡수할 수 있는 것으로 보인다.

그래서 사회학에 대한 신학적 비판에서, 바움은 베버적 논지의 목적을 '창조적 종교'의 실례로 들면서 다음과 같이 묘사한다.

독창적이고 창조적인 종교적 돌파구는 칼빈주의 기독교에서 발생했다. 하나님의 부르심은 세속적 소명으로 경험되었다. 그리스도인들은 힘든 일과 개인 사업에의 헌신으로 복음의 의미와 능력을 경험했고, 그들은 자신들의 사업의 성공을 하나님의 인정과 축복으로 간주했다. 이러한 새로운 영성은 자본주의적 확장에 대한 종교적 장애물들을 제거했는데, 왜냐하면 중세시대에 교회는 빌려준 돈의 이자를 취하는 것을 심각한 죄로 간주했을 뿐만 아니라, 묵상, 피안성, 섭리적 입장에서의 인내, 그리고 심지어 선택된 빈곤까지도 가장 헌신적인 그리스도인들이 따라야 할 이상들로 지지했기 때문이었다.[363]

---

362) Gregory Baum, *Religion and Alienation*, Paulist Press, 1975, p.85.
363) ibid., p.164.

이와 비슷하게, 다수의 현대 신학자들은 마르크스주의와 기독교 사이의 '종합(syntheses)'을 발전시키려 시도했고, 심지어 마르크스주의적 개념들을 신학 분야에 대한 그들의 이해 방식으로 채택했다.364) 이런 상황에서 사회학적 분석은 신학과 사회 사이의 복잡한 상호작용을 조사하는 중요한 수단일 뿐 아니라, 그 자체로 그러한 상호작용의 일부인 듯 보인다. 베버적 이론들과 마르크스주의적 이론들은 그것들 스스로 신학과 자본주의 사이의 관계에서 독립 변수들로서 작용한다.

이 새로운 요소는 신학의 사회적 결정요소들에 대한 마르크스와 엥겔스의 분석에 결정적인 문제들을 불러일으킨다. 이 분석이 신학의 어떤 이해들 내에서 이미 채택되어 있기 때문에, 더 이상 신학을 간단히 정신적 행위와 물질적 행위 사이의 거짓된 구분의 산물이나 부르주아 계급의 표현과 동일시할 수 없는 듯이 보인다. 확실히, 남미나 아프리카에서 발전된 것으로서, 해방신학의 어떤 형태들의 측면들 가운데 하나는 그것이 정치적 변화에 영향을 끼치기를 추구하는 자기의식적 무산계급의 산물이라는 것이다. 그러한 신학 이해는 분명히 물질적 행위와 정신적 행위 사이의 구분도 아니고, 지배계급 태도의 표현도 아닌 것 위에 기초되어 있다.

만일 신학과 비교하여 사회학적 분석이 결정적 역할을 수행할 수 있을 뿐만 아니라, 신학이 이 분석의 초기 틀을 잡는 데 결정적 역할을 감당할 수 있다는 것을 또한 받아들인다면, 이 분석의 이리저리 얽히는 요소는 훨씬 더 커지게 된다. 마르크스의 소외(alienation) 개념, 베버의 탈마법화(disenchantment) 개념, 및 뒤르켐의 사회적 탈통합(social disintegration) 개념이 모두 신학적 뿌리를 갖고 있다는 로데릭

---

364) Alistair Kee, *A Reader in Political Theology*, SCM, 1974를 보라.

마틴(Roderick Martin)의 제안은365) 이 분석을 완전한 순환논법 속에 들어가게 만든다. 내가 다른 곳에서 주장한 바와 같이,366) 마틴이 믿는 것은, 초기 사회학에 대한 적절한 이해는 "그것이 기독교 신학, 계몽 이성주의, 독일 이상주의, 프랑스 혁명과 산업혁명에 대한 보수주의적 반응 그리고 많은 다른 것들만큼이나 다양한 근원들로부터 그것의 이론적 개념들을 이끌어내는 것"으로 보아야 한다는 것이다.367) 만일 이 제안이 인정된다면, 그 다음에 신학과 사회 사이의 상호작용을 해명하는 과제는 더욱 어려운 것이 된다.

복잡성의 전체 범위는 일련의 다양한 상호 작용들을 통하여 다층적 사회가 결정되고 또 그런 사회를 결정하는, 하나의 다층적 활동으로서 신학을 연구하는 지식사회학자에 의해서만 밝혀질 수 있을 것이다. 불가피하게, 그런 이해는—신학이 특정 계급의 산물이나 특정 행위 형태라는 관점에서든지 혹은 신학이 사회적 현상들이 아니기 때문에 자율적이고 확정적인 학문이라는 관점에서든지 간에—그러한 단순하고 단일-인과관계적인 설명들을 무효화시킨다.

이러한 관점에서 신학에 대한 철저한 설명을 하는 것이 불가능할 것 같기는 하지만, 신학의 사회학적 이해를 위한 이념형적 패러다임을 제공하는 것은 가능한 일이다. 모든 이념형적 패러다임들이나 형태들처럼, 그것(신학의 사회학적 이해를 위한 이상적 패러다임)은 (어떤 지점들에서) 경험적 실재에 상응하는 하나의 추상적 개념이다. 그리고 경험적 실재들처럼 그 패러다임은 사회학자에게 신학과 사회 사

---

365) Robert N. Bellah, *Beyond Belief*, Harper & Row, 1970, p.240 참조.

366) Robin Gill, The Social Context of Theology, Mowbrays, 1975, p.12를 보라.

367) Roderick Martin, 'Sociology and Theology' in ed. D. E. H. Whiteley and R. Martin, *Sociology, Theology and Conflict*, Blackwell, 1969, p.36.

이의 상호작용을 연구하기 위한 양식화된 틀을 제공하며, 특히 양식화된 연대기를 제공한다. 그럼에도 불구하고, 신학의 사회적 결정요소들과 사회적 의의에 대한 엄격한 설명을 생각할 때, 그것은 이러한 설명들을 더 상호작용주의 관점 속으로 배치하기 위한 패러다임을 사회학자에게 제시한다.

이런 패러다임의 관점에서, 신학은 사회적 요소들로부터 생겨나거나 사회적 요소들에 의해 유지되는 철저히 제한된 학문으로 보인다. 그럼에도 불구하고, 신학이 한번 사회적으로 구성되고 유지되면, 신학과의 접촉에 비례하여 번갈아 네 단계 — 신학자들, 설교가들, 청중, 그리고 외부인들 — 중 어떤 한 단계에서 사회를 결정한다. 한번 신학에 의해 결정되면, 이번에 사회는 그 자체로 신학에 대한 새로운 결정요소로 작용한다. 다시금 네 단계들에서 그리고 신학과의 접촉에 비례하여 말이다.

복잡한 상호 작용들의 완전한 범위가 탐구될 때, 이 순환적 패러다임은 끝없는 반복을 할 수 있다. 그러나 발견적 도구로서, 그것은 본서에서 제공된 자세하지만 초점이 맞추어진 분석들의 양식화된 개요를 제공한다. 이러한 것들이 사회학자들과 신학자들에게 대체로 탐구되지 않은 풍부한 자료를 제공한다는 것이 나의 주장이었다. 바라건대, 지식사회학의 관점에서의 신학에 대한 분석은 신학과 사회학 두 분야의 연구자들에게 신선한 통찰력을 제공할 수 있다.

역자 후기

본서는 『신학의 사회적 맥락』과 함께 로빈 길 교수의 학문 여정의 토대가 되는 저서라 할 수 있다. 길 교수가 출간한 최초의 저술인 『신학의 사회적 맥락』이 신학이라는 학문이 구성되는 사회적 맥락에 관한 내용을 담고 있다면, 본서는 신학과 사회구조 사이의 상호 관련성을 보다 구체적이고 체계적으로 연구한 저술이라 할 수 있다.

저자는 이 두 저서를 기초로 해서 저자의 관심 분야인 기독교 윤리학과 종교사회학 분야의 연구를 발전시켜왔다. 현대 세계에서 신학은 점점 더 학문 세계뿐만 아니라 공공담론의 장에서도 주변화되어가고 있다. 학문 세계에서 신학의 고립화 현상과 함께, 교회 역시 급격한 교회 성장기를 지나 이제 신앙의 설득력을 상실하고 사회로부터 외면당하고 있는 듯이 보인다. 이러한 위기의 때에 신학과 사회학, 교회와 사회 사이의 상호 관련성을 중시하는 저자의 독특한 연구방법론을 주목할 필요가 있다. 저자는 신학이 여러 학문들과의 상관관계 속에서 연구되고 이해될 때 사회에 더 많은 영향력을 끼칠 수 있는 학문으로 공헌할 수 있음을 본서 전체에 걸쳐 소개한다.

본서는 신학과 사회학의 상관관계를 밝힐 뿐만 아니라, 실제 사례들을 통해서 사회학적 통찰의 중요성을 더해준다. 제3장에 나타난 낙태 관련 이슈는 최근의 줄기세포 연구, 안락사, 낙태 등 생명윤리의 다양한 영역에 대한 신학과 사회학 사이의 상호작용에 대한 통찰을 보여주며, 제4장에서는 신학이 사회현상에 대해 독립변수 및 종속변수로서 기능할 수 있는 가능성을 탐구하면서 이러한 가능성을 전쟁 이슈를 중심으로 다루고 있다. 제5장에서는 존 로빈슨의 저술인 『신에게 솔직히』에 대한 사회학적 분석을 시도한다. 본서에서 사용하는 방법론은 시대를 뛰어넘어 다양한 이슈들에 대한 신학적, 사회학적 통찰을 제공해준다.

본서는 영국 사회에서 전통적 서구신학의 한계가 드러남으로 말미암아 실제 사람들의 삶의 수준으로 내려온 성육화된 신학이 요청되고, 교회 역시 가면을 벗고 원래 교회의 모습으로 돌아가야 한다는 요청이 강력하게 제기되는 시대에 출간된 저술이라 할 수 있다. 이러한 당시 영국의 상황은 현재 한국 사회의 상황과 비슷하다고 할 수 있다. 이제 우리나라의 학문세계에서 신학은 더 이상 다른 학문들에 자양분을 공급해주는 뿌리 깊은 나무로 여겨지기보다는 하나의 종파적 학문으로 여겨지고 있으며, 신학적 언어는 일반 학문세계로부터 단절되는 듯 보인다. 한국 교회 역시 이제 초고속 성장신화가 막을 내렸으며 교회가 사회에서 점점 더 주변으로 밀려나고 있다. 그런 측면에서 본서의 내용은 현재의 한국 신학계와 한국 교회에 시사하는 바가 자못 크다 하겠다.

전통적으로 우리나라에서 행해져온 신학은 상당 부분 다른 학문 분야들로부터 고립되었을 뿐만 아니라 신학 내에서도 다양한 분야들로 나누어져 신학생들에게 파편화된 지식을 주입하고 있는 실정이다. 모쪼록 본서의 출간이 신학의 연구경향이 다시금 통합적 연구로 나아가는 계기로 작용할 수 있기를 바라며, 신학이 기존의 철학 의존 일변도 경향에서 한 걸음 더 나아가 사회학을 비롯한 다양한 학문과의 연대를 통해 연구가 이루어질 수 있기를 바라마지 않는다.

본서는 오래전에 출간될 예정이었지만, 이런저런 이유로 말미암아 미루어지다가 이제야 결실을 보게 되었다. 여러 차례의 점검을 통하여 오역을 줄이기 위해 나름대로 애를 썼지만 저자의 의도를 충분히 전달하지 못한 부분도 있으리라 생각된다. 모쪼록 본서가 학제 간 연구를 위한 하나의 중요한 방법론적 모델로 활용될 수 있기를 바란다.

본서의 출간을 위해 도와주신 여러분들에게 감사의 말씀을 드린다. 특히 번역 작업의 학술 연구비를 감당해주신 주사랑 교회의 최정도 목사님과 교우들, 그리고 실제적 측면에서 도움을 주신 살림출판사 관계자 여러분, 그리고 사랑하는 가족에게 진심으로 감사의 말씀을 드린다.

찾아보기

신학과 사회구조

지식사회학의 관점에서 본 기독교 신학

초판인쇄 | 2009년 6월 20일
초판발행 | 2009년 6월 25일

지은이 | 로빈 길
옮긴이 | 김승호
펴낸이 | 심만수
펴낸곳 | (주)살림출판사
출판등록 | 1989년 11월 1일 제9-210호

주소 | 413-756 경기도 파주시 교하읍 문발리 파주출판도시 522-2
전화 | (031) 955-1350 기획·편집 (031) 955-4675
팩스 | (031) 955-1355
e-mail | book@sallimbooks.com
홈페이지 | http://www.sallimbooks.com

ISBN 978-89-522-1187-3 03230
* 잘못된 책은 구입하신 서점에서 바꾸어드립니다.

책임편집·교정 : 강영특

값 13,000원